门店零售怎么办

6大公式
提升门店业绩

邵慧宁 ·························· 著

U0740134

人民邮电出版社

北　京

图书在版编目（CIP）数据

门店零售怎么办：6大公式提升门店业绩 / 邵慧宁著 . -- 北京：人民邮电出版社，2024. -- ISBN 978-7-115-65402-1

Ⅰ．F713.32

中国国家版本馆 CIP 数据核字第 202445903R 号

内 容 提 要

怎样管理门店？怎样提升门店的业绩？这些都是门店管理者、零售团队管理者、一线零售从业人员需要解决的问题。本书作者总结自己在多个零售工作岗位上的业务实战经验，提出了"一个游戏＋两种能力＋一套系统方法论"的解决方案。

具体而言，"一个游戏"即带领团队在门店零售现场玩"找茬"游戏，借此发现工作中存在的问题；"两种能力"是指零售从业人员需要具备的现场"找茬"能力和数据"找茬"能力，本书第 1 部分（第 1 章和第 2 章）对此做出了详细讲解；"一套系统方法论"即本书第 2 部分（第 3 章 – 第 8 章）讲述的提升营业额的 6 大公式，零售从业人员可通过 6 大公式提升门店业绩。总之，本书系统地梳理了提升门店业绩的方法，能够帮助零售行业从业者建立零售管理和业绩完成的框架思路，解决经营管理问题。

本书适合门店管理者、零售团队管理者、一线零售从业人员，以及对零售行业感兴趣的学习者阅读。

◆ 著　　　邵慧宁

责任编辑　张国才

责任印制　彭志环

◆ 人民邮电出版社出版发行　　北京市丰台区成寿寺路 11 号

邮编 100164　　电子邮件 315@ptpress.com.cn

网址 https://www.ptpress.com.cn

固安县铭成印刷有限公司印刷

◆ 开本：880×1230　1/32

印张：7.5　　　　　　　　　　　2024 年 10 月第 1 版

字数：150 千字　　　　　　　　2025 年 10 月河北第 4 次印刷

定　价：69.80 元

读者服务热线：（010）81055656　印装质量热线：（010）81055316

反盗版热线：（010）81055315

前　言

来吧，开启一场零售现场的“找茬”游戏！

　　如果某天你接管了一家已经营 5 年的老店，这家门店的业绩非常糟糕——每月业绩同比下降 30%，目标达成率不足 60%，其他方面也不尽如人意——员工的能力不足，公司检查的分数很低，上级的评价也很差，你会怎么办呢？

　　你可能会说，那就努力提升员工的能力和业绩。但是，你很快就会发现，用常规方式似乎不能解决这些问题。因为门店销售与管理几乎都是“坑”。人、货、场的所有问题纠缠在一起，你填了一个“坑”，又冒出来好多“坑”，根本找不到提升业绩的有效切入点。员工也觉得明明已经很累了，为什么还要有这么多要求。最后不仅门店没改善，员工还越来越颓废。

　　十几年前的我就面临这个困境。当年的前半年，我想尽办法改善门店，却没有效果。但是半年以后，我靠一个游戏、两种能力和一套系统方法论，使门店跻身全国前列，每月业绩也从同比下降 30% 变成同比上涨 50%，团队离职率从每月 10% 以上变成半年为 0，门店也从人才黑洞变成人才输出中心，从中走出了多名零售总监、区域经理和店长。

一个游戏

一个游戏，即带着团队玩"找茬"游戏。

新零售人都知道，门店工作很累，而且很无聊。新零售人每天都在不断重复各种基础工作，所以很多人干不了多久就会离职。这样的情况，该怎么应对呢？

我刚入行时很烦恼，每天做着最基础的清扫、整理商品、接待顾客的工作，一天 8 小时都站着，又累又无聊。后来为了能让时间快点过去，我在重复工作时会跟自己玩"找茬"游戏。

"找茬"游戏原本是指在两张很像的图片中找不同，而我在门店工作中跟自己玩"找茬"游戏则是不断找工作中可提升的点，不断给自己设置小目标，然后找到阻碍目标达成的障碍，接着扫除障碍。例如，我在整理商品时，这一次给自己设定半小时完成的目标，下一次就会将完成时间压缩到 25 分钟，为了缩减这 5 分钟，我在整理的过程中就会不断寻找"茬"、消除"茬"。

当我沉浸于这个游戏时，日复一日的工作就不再无聊了。我在哪里都能找到"茬"，也都能找到游戏的乐趣。而我自己也在"找茬"的过程中慢慢成长，练就一身快速在门店里寻找问题和给出解决方案的本事。

我在成为这个排名倒数的门店的店长后，尝试过多种方法都没能改善其业绩，却突然想到了"找茬"游戏。既然这个游戏能帮助我"打怪闯关"，那么是不是也能帮助我的团队和门店升级成长呢？

于是，从那天开始，每天我都带着团队一起玩零售门店现场版"找茬"游戏。一开始，大家只能找到表面和基础的小问题。后来，每个人都能快速找到底层问题，并且落实解决方案。这家门店在半年时间里从排名倒数跃升到全国领先地位，而我也从这里开始一路跃升，从普通店长成长为零售运营总监，并且开始写公众号文章，甚至站上大舞台面向几千人演讲，以及在得到App推出自己的零售课程。同时，这群擅长玩"找茬"游戏的伙伴也从当年几乎什么都不懂的"菜鸟"成长为零售行业各个公司的高管。

两种能力

零售行业的突发情况非常多，现场很不可控。虽然每家零售公司都有很多自己的标准化要求，但是真正的业绩增长点根本不能被这些标准化的框架定义。这时，现场"找茬"能力就非常重要了，这也是新零售人必须具备的第一种能力。例如，你知道为什么顾客经过你们的门店却不进去吗？你知道顾客为什么试用了商品却不购买吗？你知道怎样提升补货效率吗？你知道员工跟顾客讲话的方式哪里不对吗……卖场工作中的这些问题都是零售管理的机会点。

如果看不到问题，找不到"茬"，只是想"怎样管理门店"

"怎样提升门店业绩"，很容易无从下手，也很难得出可以精准落实的解决方案。像现在很多大型互联网公司开始做零售，看起来商业模式完美，却常常被内部管理问题拖垮。原因就是即使它们有科技、有理论，但这些都无法帮助它们消除现场和方案落实过程中的"茬"。甚至，这些公司的高管们根本不知道"茬"是什么，那么消除这些"茬"就更无从谈起了。

本质上，零售管理工作就是找到并消除这些"茬"，不断迭代，持续精进。然而，现场找到的"茬"成千上万，到底哪个才是影响结果的关键呢？怎样判断哪些"茬"是真正重要的问题，需要优先解决，应该解决到什么程度？这些都必须通过数据来识别、判断和校准。因此，新零售人就必须具备第二种能力——数据"找茬"能力。

如果没有数据"找茬"能力，我们很容易陷入现场的各种琐碎问题，抓不住重点，甚至连解决问题的方向都没有。

例如，一家门店业绩不好，大家都反馈商品有很大问题。我们来到现场查看，发现这家门店的商品种类确实比其他门店少，型号也不齐全。但这就证明了商品有问题吗？当然不是，很可能这家门店就是因为业绩较差，所以商品种类和型号必须有所缩减才能保证良性循环。

但是，这就一定没问题吗？也不见得，只不过我们仅看现场是很难挖出客观、明确的关键问题的。这就需要我们看数据，如看商品在周转、库存等方面的数据，寻找机会点。

本书第1部分论述了数据思维和数据"找茬"能力，包括3

条能帮助你快速理解复杂数据的秘诀。用好这 3 条秘诀，无论面对多么复杂的数据，你也能快速、精准地定位关键问题。

看到这里，你已经明确了新零售人需要具备的两种能力——现场"找茬"能力和数据"找茬"能力。但是，具备这两种能力是不是就保证能提升门店业绩呢？

这还不够，你还需要掌握一套系统方法论，帮助你全方位提升门店业绩。

一套系统方法论

这就是本书第 2 部分的内容——用 6 大公式拆解营业额。这 6 大公式把营业额拆解成多个因子，我会针对每个因子给出全面且能迅速落实的系统解决方案。当你通过现场和数据找到了"茬"，定位了关键问题时，这 6 大公式就能帮助你拆解复杂问题，为你提供精准的解决方案，从而提升门店业绩。

这套用 6 大公式拆解营业额的系统方法论是我对零售生涯中经验的最核心的总结。我积累了超过 10 万个"茬"及大量成功案例，才得出这套基本适用于所有零售情景的系统方法论。这套系统方法论能帮助你快速定位零售门店的各类被忽略的关键问题，并快速得到解决方案。

如何使用本书呢？首先，你可以把它当成一本有体系的零售理论著作，通过它了解零售管理和业绩管理的基础理论。其次，你也可以把它当成一本工具书，当你遇到任何零售管理问题时，翻翻目录，快速找到解决方案，马上拿走就用。最后，你还可以把它当成你的团队培训教材，通过游戏的引导、能力的培养、系统方法论的教授，帮助你的团队快速成长。

在积累本书所有案例的过程中，我自己从一名店长成长为不同品牌的零售总监、零售培训总监，在不同的零售品牌和公司取得了多项成果。总之，不论你是新零售人、团队管理者，还是对零售业的规则和心法感兴趣的学习者，我都想邀请你一起阅读这本书。因为我相信，当你在业绩遇阻或踌躇不决时，本书一定能为你提供指引！

目　录

第2部分 提升营业额的6大公式

第 1 部分

新零售人必备的 2 大核心能力

零售现场，"茬"多如牛毛！但别急，不是每个"茬"都值得我们立刻出手。有些"茬"看似一目了然，如地板有点脏、商品摆得不够整齐，但真正的问题往往深藏不露。

我们常陷入误区，只盯着表面的"茬"，却忽略了真正的"茬"，也就是那些能揭示零售现场的关键问题。

作为新零售人，你需要具备 2 大能力来诊断门店问题，实现突破：一是现场"找茬看诊"，二是数据"识茬断论"。有了它们，你就能像侦探一样快速锁定关键问题，找到提升业绩的方法。

第 1 章

现场看诊：透过平平无奇的现场洞察机会点

"找茬"专栏

一家杂货店坐落在一条步行街上，虽然客流量稀少，但员工都在忙碌着。其中有两名员工都在收银台为一位顾客结算，还有一名员工在整理商品，他仔细地重新排列商品，追求完美的陈列效果。与此同时，门店的另一角有两名员工在调整陈列，因为前一天陈列错误，所以今天要返工。门店里零星有几位顾客在挑选商品，员工都在忙自己手上的工作，没人注意到顾客的犹豫不决。仓库里亮着灯，但是没有员工。在仓库最里面的角落放着 10 箱昨天收到的货品，管理者还没有安排员工把它们陈列到卖场。靠近仓库门的货架空空如也，等待着货品的填充。

在这个场景里，你能找到几个问题？

通过探索门店现场来"找茬"是新零售人的必备技能。

想象一下，你走进一家门店，眼观六路，耳听八方，仿佛拥有超能力，能从众多细节中捕捉到关键问题。这就是现场"找茬"能力，也是每一位新零售人都应该掌握的技能。

"找茬"是为了解决问题，让门店变得更好。每家门店都有无数的细节问题，如地上的一根头发、员工的一个哈欠、商品摆放不整齐，等等。这些都是细节问题，但不一定是我们要找的有价值的"茬"。真正的"找茬"是找到那些隐藏在细节背后的关键问题。我们要深挖问题根源，而不是停留在无关痛痒的表面。

要想掌握这项技能，你需要做到3点：理解员工、理解顾客、理解业务。

新零售人，准备好掌握这项技能了吗？一起来探索现场"找茬"的艺术吧！

我曾经为一家快销服装连锁店提供咨询服务。在访谈的过程中，我了解到一个有趣的案例。这家门店的区域经理在巡店时经常批评员工将新品熨烫得不够完美就摆上了货架。然而，由于当时门店的人手紧缺，每周都有一两千件新品到店。如果对每件商品都追求完美的熨烫效果，可能需要花费一周的时间，这无疑会错过新品的黄金销售期。因此，店长选择了先陈列新品，即使商品有些轻微的褶皱。

在这个案例中，新品熨烫得不够完美只是表面现象，背后更深层次的问题是员工不足。而员工不足的原因则需要我们进一步挖掘：是招聘渠道不畅，还是应聘者不符合要求？只有找到问题的根源，我们才能制定有效的解决方案。

再举一个例子。我在服务过的某家公司中发现很多门店的收银员都习惯使用中号或大号购物袋为顾客装商品，即使顾客购买的只是一个小物件。这无疑给公司带来了严重的浪费——一个中号购物袋的成本比小号购物袋高出 0.5 元。如果每天每家门店多使用 20 个中号购物袋，那么仅这一项费用就多出 10 元。一年（365 天）下来，就产生了 3650 元的额外支出。如果全国连锁的 300 家门店都存在这种情况，那么公司每年将额外承担高达 109.5 万元的费用。

然而，我们不能简单地将这种情况归咎于收银员。我们需要换位思考，尝试站在收银员的角度考虑问题。当站在收银台前帮助顾客收银和包装时，我们发现小号购物袋被放在了收银台柜子的底层，而中号和大号购物袋则放在了上层。由于收银员在站立收银时拿取上层的购物袋更方便，所以形成了收银员习惯使用中号或大号购物袋的现象。

因此，我们找到了真正的"茬"：并非收银员的问题，而是购物袋的摆放位置不合理。为了解决这个问题，我们只需将小号购物袋放在收银台柜子的上层，为收银员创造更方便的使用条件。这样既不需要指责员工，也不需要每天盯着员工使用什么型号的购物袋，问题就能迎刃而解。

上面的两个案例都要求新零售人深入现场，切换角色，挖掘细节。这种细节洞察力对于新零售人来说至关重要。那么，新零售人怎样提升细节洞察力呢？有以下两个要点。

- 角色切换：切换成顾客或店员。
- 现场观察和追问：有没有更好的方法？

角色切换在零售行业至关重要，它要求我们能够切换到顾客或店员的视角，深入体验当事人所处的真实场景。我的习惯是每当踏入门店时就将自己完全置于顾客的角色，启动购物模式。在现场观察的过程中，我会不断逼问自己，比如，为何我会选择这件商品而忽略另一件？为何主推商品并不吸引我？为何这件商品摆放在这里？是否还有更合适的位置？这种持续的角色切换和深入思考，常常帮助我找出许多其他员工可能忽略的"茬"。

那么，究竟如何找到那些关键的"茬"呢？我将从以下 4 个维度详细探讨如何有效地"找茬"。

1.1　顾客总有差评，从 3 个方面让顾客更满意

有些"茬"可能符合公司规定的标准，在实际运营中却对顾客体验造成负面影响。随着时间的推移，这种负面影响会逐渐累积，最终不可避免地影响门店的业绩。因此，我们必须深入挖掘并消除这些潜在的隐患。要找到这些影响顾客体验的"茬"，关键在于将自己置于顾客的角度，完整地体验一遍购物流程，并不断地自我提问："我为什么没有进行下一步动作？"通过这样的方式，我们能够更准确地把握问题所在，从而制定有效的解决方案。

1.1.1 影响顾客体验的人

从顾客的角度看，影响购物体验的往往是门店员工提供的服务。虽然一般连锁零售门店都有一套标准服务流程，如跟顾客打招呼、介绍商品、收银台买单等，但仅仅达到这些标准是不够的。因为标准通常是服务的底线，而顾客期望的是高于底线的卓越体验。因此，作为管理者，我们必须切换到顾客视角来审视服务。

当切换到顾客视角时，我们需要仔细观察和感受员工在服务过程中是否真正满足了顾客的需求。在顾客视角下，我们要仔细观察员工是如何回应顾客需求的。员工的表情、姿势、语气等都会影响顾客的感受。例如，员工是否足够热情、是否耐心倾听、是否提供了有用的建议等。

以下列出了一些常见的影响顾客体验的"茬"，大家可以通过对比看自己的门店是否存在这些问题，并采取相应的解决措施。

- 店员聊天或玩手机，疏于对顾客的服务。
- 顾客一进门，店员马上全程贴身跟着。
- 当顾客触摸了某件商品后，店员马上过来把商品摆放整齐。
- 门店里人太多了，非常拥挤，店员也都特别忙，不管顾客问什么都表现得非常不耐烦。
- 顾客触摸或试用商品后没有购买，店员表现出不好的情绪。
- 店员与顾客沟通时表情或措辞不妥当。
- 顾客排队结账时没有店员维护排队秩序，不断有人插队。
- 顾客在结账时排了很久的队，好不容易排到自己，却发现花心思选好的商品的实际价格比广告牌上展示的价格高，或者收银员声称今天有活动，多挑一件可以打折，但是顾客实在不想再排一次队了，质问为什么没有店员提前告诉自己。

1.1.2 影响顾客体验的货

商品的选购便利性及展示效果对顾客体验的影响是显著且不容忽视的。

首先，商品的选购便利性十分关键，缺货断码是一个常见的问题。商品售罄或员工未能及时补货都会让顾客感到失望。为了改善这种情况，门店应该建立高效的补货和库存检查机制。这不仅包括定期检查货架上的商品数量，还要确保及时将已销售的商品补充到位。此外，门店可以利用技术手段，如库存管理系统，实时追踪商品的库存情况，以便及时做出补货决策。

其次，商品的展示效果对顾客的体验同样重要。一个逻辑清晰、陈列整齐的卖场能够给顾客留下良好的印象，并提升他们的购物体验。商品应该按照类别、品牌或价格等有序陈列，以方便顾客查找和挑选。同时，门店可以运用创意陈列和灯光效果提升商品的吸引力，让顾客更容易被吸引并产生购买欲望。

另外，试用装管理也是影响购物体验的重要因素。推出试用装是吸引顾客试用商品、增加购买意愿的重要手段。门店应该确保试用装供应充足，并定期检查，确保其处于良好的呈现状态。此外，门店还应该创造一个舒适、方便的试用环境，让顾客能够轻松、愉悦地试用商品。例如，美妆店可以提供干净的试用台和镜子，以及专业的服务人员帮助顾客试用。

1.1.3 影响顾客体验的场

寻找"场"的问题时，我们通常应遵循一个固定的路线确保检查全面。这个路线可以是从门店外部逐渐深入内部，从卖场的前端走到后端，从货架的上层检查至下层，每层货架从左至右逐一检查。最后，不要忘记检查顾客容易忽视或看不到的角落。

在卖场中，一些常见问题可能直接影响顾客的购物体验，如动线拥堵、商品查找困难、商品陈列混乱、清洁状况不佳、温度调节不当或灯光和音乐令人不适等。为了更全面地识别这些问题，我们可以从视觉、听觉、嗅觉和触觉 4 个方面来审视。

视觉方面，我们需要关注商品的陈列是否整齐、标签是否清晰易读、色彩搭配是否和谐、灯光照明是否充足等；听觉方面，检查选择的背景音乐是否恰当、音量是否适中、是否存在嘈杂的噪声等；嗅觉方面，注意店内是否有异味，如商品的气味是否正常、卫生间是否清洁等；触觉方面，虽然对商品和道具的触觉一般不会直接影响购物体验，顾客也很少会通过触觉感知卖场，但是可以提供间接评估的依据。

为了更高效地执行这个检查过程，我建议准备一个详细的检查表，如表 1-1 所示。这个检查表应该涵盖所有可能影响顾客体验的关键因素，以便我们按照上述检查路线和 4 个感官方面的注意事项组织检查。我们在检查时，应根据检查表上的项目逐一核对，确保不遗漏任何重要环节。

表 1-1　门店陈列检查表

地区：	门店：　　　　　　　　　检查人：		备注
卖场整体	正确划分门店区域，且设置引导标识，方便顾客寻找		
	卖场主推区域的商品有吸引力，摆放位置合适		
	门店内温度适宜，无异味，音乐的声音大小适中		
	卖场货架摆放整齐有序，通道设置合理，没有随意乱放的道具和物资		
卖场区域	门店每个区域的陈列有序，看起来美观且方便顾客挑选		
	如果门店有商品展示模特或道具，其陈列要有吸引力，让顾客有购买欲望		
	卖场情景区设置合理，让顾客有购买欲望，且将商品陈列在该区域附近方便顾客选购		
商品摆放	卖场商品陈列的数量合理，不会过多或过少，方便顾客拿取且看起来整齐有序		
	商品陈列有型号区分，符合摆放逻辑，方便顾客快速选购		
	商品陈列颜色从浅到深，陈列顺序合理		
	商品陈列细节整理到位		
	正确地使用陈列道具及易拉宝展示		
宣传画	门口宣传画、橱窗海报、收银台宣传画等摆放合理且方便顾客查看		
	宣传画页面和道具受光照时不变色，无卷边，无破损，无残旧		
	合理使用低价格宣传画、活动氛围宣传画等，避免设置得过多，影响品牌形象；或者设置得少，让顾客感受不到活动的氛围		

（续表）

地区：	门店：	检查人：	备注
灯光	门店射灯的灯光须照射于货架货品上		
	正确使用店内的其他灯光照明		
总分			

> **门店"找茬"小技巧**
>
> 　　如果你对某几家门店已经很熟悉了，那么很可能你也找不出新的"茬"。这时找顾客聊聊，或者邀请同行到门店来帮你看看，很可能会有新启发。

1.2 员工干活不开心，从 2 大维度让大家全情投入

　　员工的日常吐槽中，其实隐藏着业绩增长点。这些看似琐碎的问题一旦被我们发现并妥善处理，不仅能大幅提升员工的工作体验，还能像施了魔法一样增强团队的凝聚力，让员工的工作效率飙升，最终推动业绩不断攀升。

　　作为店长，我们要做的不仅仅是管理门店，更要成为员工的"心灵捕手"，捕捉他们工作中的"茬"——那些影响顾客体验的细节。为了做到这一点，我们需要换位思考，戴上员工的"眼镜"，深入他们的日常工作，亲自体验他们的工作点滴。

为了更好地发现这些细节，我们可以从员工的整个职业旅程出发，像探险家一样拆解员工入职、离职流程的各个环节。从面试的那一刻开始，一直到员工离职的那一刻，其中每个环节的问题都像迷宫里的线索，需要我们细心寻找。

同时，我们还要对员工日常的工作流程进行拆解。就像侦探一样，我们要观察他们在到店、打卡、开会、卖场工作、仓库工作、休息、吃饭等各个环节中的行为，并寻找其中的问题：某个地方的灯光太刺眼？仓库的货架太高导致取货困难？休息时间太短导致疲惫不堪？

通过这样的拆解，我们就像找到了一把钥匙，能够打开员工心中的宝藏库。

1.2.1 拆解员工入职、离职流程的各个环节

我们可以从员工入职、离职流程的各个环节入手，通过拆解整个链条来"找茬"。

（1）面试重体验

面试是员工对公司形成第一印象的环节，第一印象的好坏对于员工后续是否选择加入公司，以及对工作的认知和定位都具有深远影响。然而，令人遗憾的是许多公司对面试环节并未给予足够的重视。面试人员往往有"我是面试官，我地位比你高"的优越心态，忽视了对面试过程的管理和优化。

多年前，我向一家知名零售公司投了简历，应聘店长岗位，

并收到了面试通知。然而，当到达面试现场时，我发现众多求职者都在焦急地等待。经过漫长的 2 小时的等待，终于轮到我面试时，面试官却表示："我们对你很满意，但考虑到公司的情况，我们目前不直接从外部招聘店长，而是希望你从基层员工干起，通过实践证明自己具备成为店长的能力。因为在零售行业，我们更需要能够踏实地从基层做起的人才。"当时，我感到十分愤怒和失望。如果公司不打算招聘店长，为何要发布相关的招聘广告？又为何在通知面试时不明确告知求职者实际情况，让他们白白浪费时间和精力呢？这次不愉快的面试经历让我对这个品牌产生了深深的反感，从此避而远之。

我的经历绝非个例，它反映了许多公司在面试过程中存在的问题。因此，我建议店长或招聘负责人切换到求职者的视角，重新审视整个面试流程，寻找可以改进的机会点。以下是面试中常见的一些问题，这些问题可能会影响求职者的面试体验和公司的形象，值得我们关注和反思。

- 面试官收到简历，没有初筛就通知求职者到现场面试。结果求职者来了没聊两句，面试官觉得不合适就草草结束了面试。其实，面试官在邀请面试前，先通过电话与求职者简单沟通，做好初步筛选，就能避免浪费双方时间的情况，也能让求职者觉得面试过程更加正式。
- 面试时间一再变动，或者让求职者等待很久。
- 面试官的仪容仪表、坐姿、语气、沟通方式让求职者感觉被冒犯。

- 面试官对求职岗位没有任何介绍和说明。
- 面试结束后迟迟没有回音。

（2）入职更开心

调查数据显示，高达 50% 的员工离职发生在入职后的短短 7 天内。入职第一周对于员工融入公司文化、适应工作环境至关重要。然而，许多员工因为入职体验不佳，迅速产生了离职的念头。而由于担心新员工的不稳定性，门店管理者往往不愿意在新员工入职初期投入足够多的精力关注他们的融入和成长，这无疑加剧了门店团队建设的恶性循环。

在审视新员工入职过程时，我发现了以下常见问题。这些问题不仅影响了新员工的留存率，也限制了门店团队的整体发展。

- 新员工入职当天没有接收到任何关于工作或环境的介绍，就被安排直接工作。
- 入职第一天，其他员工对新员工不热情，也没人带新员工吃饭。
- 对新员工的培训不全面，导致新员工工作上手慢。
- 新员工工作不熟练时，管理者对他很不耐烦。
- 新员工入职后过了很长时间，管理者都没有安排跟新员工的面谈和沟通，新员工有情绪却不被察觉。

为了助力新员工顺利启航，门店管理者应当为他们精心制定系统的入职计划。这不仅仅是一个简单的流程，更是一场精心设计的冒险之旅。如果在新员工入职后的 7 天、30 天和 90 天都有一张充满惊喜和挑战的地图等待他们去探索，他们能没有工作热情吗？

在这张地图上，入职培训是第一个宝藏点。其中不仅有公司文化和团队价值观的详细介绍，还有一系列实用的工作技能培训。新员工将在这里快速掌握所需的知识和技能，为接下来的冒险做好准备。

融入机制是这张地图上的第二个宝藏点。为了让新员工更快地融入团队，公司特别设计了各种有趣的团队活动，如聚餐、户外拓展等。通过这些活动，新员工可以更快地了解团队成员，建立工作友谊。

当然，面谈机制也是不可或缺的一环。管理者要定期与新员工进行一对一的面谈，了解他们的工作进展、遇到的困难及未来的职业规划。这不仅能帮助管理者更好地了解新员工的需求和期望，还能为他们提供及时的帮助和支持。

为了让新老员工之间的互动更加频繁和深入，公司还可以采用师徒机制，让一位经验丰富的老员工成为新员工的导师，他们可以一起探讨工作难题，分享经验心得。这种亦师亦友的关系不仅能让新员工更快速地成长，还能促进团队内部的相互支持和协作。

附录 2 给出了这场新员工启航冒险的攻略，门店管理者可以根据自身门店的特点和需求灵活运用。

（3）培训有革新

门店的培训是塑造卓越团队的秘密武器。但遗憾的是，许多门店的培训常常显得单调乏味，缺乏实效。它们往往只停留在理论层面，而忽视了实际操作的重要性。实际上，在零售行业里，工作现场就是最好的训练场。管理者现场反馈，员工即学即用，通过实践不断成长。如果员工每天都能在工作现场发现新问题，即时学习解决之道，这样就能更快、更直接地成长。

（4）晋升新篇章

晋升是每个员工心中的"小确幸"。然而，当员工觉得晋升无望或被不公平对待时，这份"小确幸"就会瞬间化为泡影。为了点燃员工的晋升激情，我们需要重塑晋升制度，让它变得更加公平、透明。提前规划晋升路径，明确晋升标准，能让员工清楚自己需要努力的方向。同时，管理者还应定期与员工进行成长面谈，了解他们的职业规划，为他们提供量身定制的晋升方案。这样能让员工看到希望，进而更加努力地工作。

（5）离职也温暖

员工离职并不意味着缘分的终结。相反，这是一个重新审视和改进门店管理的好机会。当员工决定离开时，我们应该以一颗感恩的心送别他们，感谢他们为门店发展付出的辛勤努力。同时，我们还要从他们的离职中吸取教训，了解他们离职的原因，以便改进管理策略，避免类似的问题再次发生。让离职变得温暖而有意义，不仅能让离职员工感受到门店的真诚和尊重，还能让其他员工看到门店的成长和进步。这样的门店，谁还会轻易离开呢？

1.2.2　拆解员工一天的工作流程

我们可以拆解日常的工作流程，为员工找到和增加其中的乐趣与挑战。

（1）游戏开始：到店

员工每天踏入门店的那一刻，就开启了游戏的新关卡。管理者需要关注员工上班时的身心状态。如果门店的工作环境很舒适，员工的心情是不是会更愉悦？同事间热情地招呼，团队的氛围是不是会更融洽？

（2）智慧碰撞：开会

开会是团队成员智慧碰撞的时刻。但你有没有发现，有时候会议就像一种漫长的煎熬？员工眼神空洞，管理者念数据、说空话。是时候改变这种状况了！管理者需要掌握会议的节奏，确保内容充实且有趣，让员工能积极参与。同时，会议时间也要控制得当，避免过长导致员工疲惫。

（3）卖场挑战：实战演练

零售门店的工作虽然基础且重复，但也可以变得有趣。管理者要经常深入卖场，观察员工的情绪和工作状态。当他们遇到困难时，管理者要及时给予反馈和建议。如果卖场是一个大型舞台，员工是舞台上的演员，那么管理者就是导演，应指导员工如何更好地演绎角色。

（4）创造好环境：仓库工作

提起仓库，往往让人联想到体力工作。对于门店的员工来说，他们经常需要在仓库中完成各种任务，与同事紧密合作。仓库的环境至关重要。如果仓库里光线明亮、温度适宜、整洁有序，员工是不是会更加愉悦地工作？同时，管理者也要关注员工在仓库的工作量和身体状态，确保他们不会过度劳累。

（5）能量补给：休息时光

休息是为了更好地工作。但有时候，休息环境却成了员工的噩梦。如果休息室又小又乱，空调不开或温度不适宜，员工怎么能好好休息呢？那些冷漠的同事则会让休息时间变得沉闷无比。管理者需要换位思考，从员工的角度出发，为他们创造一个舒适、和谐的休息环境。这样他们才能充分放松身心，为接下来的工作投入更多精力。

1.3 "扫雷"让门店形象更吸引人

或许你会认为门店形象的"茬"并不能立刻对业绩造成冲击，但请别小看了这些"茬"对门店在消费者心中的印象的损害。想象一下，那家让你觉得"低档"的门店是不是因为某个小小的细节触碰了你的"雷点"？

1.3.1 店外"避坑"，杜绝顾客不进店

我们经常能看到一些门店的标志、橱窗或其他展示面出现这样、那样的问题：橱窗里的商品早已过时，标志灯突然熄灭，门口的 LED 屏幕像"疯狂闪烁的星星"。这些看似不起眼的小瑕疵，实际上正在悄悄损害门店的形象。如果不及时处理，门店就会浪费吸引顾客进店、提升品牌形象的大好机会。

现在，让我们把视野放宽一些，跳出门店本身，看看它所在的商圈。以社区型商圈为例，这里聚集了众多下班后闲逛或用餐的附近的居民。那么，门店入口的陈列和橱窗就成了吸引他们注意的关键。如果长时间不更换或出现清洁问题，就很容易给顾客造成负面印象。

管理者需要时刻注意门店的每一个细节。门店位置是否显眼、易找？招牌是否足够大且吸引人？门店的门是否宽敞明亮，容易让顾客留意到？这些问题都值得我们关注。

1.3.2 店内绝不犯这些错，让顾客进店就有好印象

（1）宣传物料

门店有时会出现一些令人啼笑皆非的问题。例如，夏天的阳光炙热，但门店里却挂着冬天的商品推荐广告画；店里出现大量

其他品牌的购物袋和纸箱，让人不禁想问："这是哪家店？"

另外，价格牌是关键的宣传物料。如果价格牌出错，不仅会让顾客感到被欺骗，还会给门店带来负面的口碑效应。因此，作为门店管理者，我们需要像侦探一样，每天仔细检查价格牌，确保它们准确无误。即使出现了价格错误，引发了顾客投诉，我们也不要回避问题，而应该向顾客真诚道歉并给予补偿。

（2）员工形象

除了商品推荐广告画和宣传物料，我们还经常忽视员工形象，这是门店形象不可或缺的一部分。奢侈品店为何能给人一种高端、大气、上档次的感觉？很大程度上是因为重视员工形象的管理。从仪容仪表到仪态气质，每一个细节都体现了品牌的理念和调性。

1.4　门店利润低，赶紧消灭 8 大浪费

浪费就像小偷一样无声无息地偷走门店的利润，让门店在不经意间损失惨重。而且，这个"小偷"还特别狡猾，总喜欢藏在日常操作的暗处，或者那些看似正常的标准里，让人难以察觉。

要揪出这个"小偷"，我们应先给它下个准确的定义。你可能会说："浪费不就是花了不该花的钱，比如浪费水、浪费电吗？"这么想就太简单了！

精益管理里有一个理念叫 JIT（Just In Time），意思是一切刚刚好。这个理念对浪费的理解即凡是超出增加产品价值所投入的物料、设备、人力、场地和时间的部分都是浪费。JIT 生产方式把浪费归纳为 8 种，分别是生产过剩的浪费、不合格产品的浪费、待工的浪费、动作的浪费、搬运的浪费、过度加工的浪费、库存的浪费和管理的浪费。

对于零售门店来说，很多浪费隐秘又错综复杂，如整理仓库、反复调整陈列、订多了货等。实际上，这些工作并没有创造价值，而且会互相影响，一种浪费可能带出更多浪费，不同浪费之间彼此纠缠。例如，仓库乱了，导致新货没办法陈列到卖场、员工找货效率极低，进而导致卖场陈列出问题，最终影响顾客体验和门店销售。

1.4.1 生产过剩的浪费

想象一下，门店管理者满怀憧憬地预测了高客流量，于是加大投入，员工齐刷刷地出勤，仓库里堆满了备好的货物。结果，客流量远没达到预期，那些原本准备好的货物只能无奈地被"闲置"在一旁。这就是生产过剩的浪费。

这种浪费就像精心准备了一场派对，结果宾客寥寥，使所有的准备都变得毫无意义。它不仅让门店的成本直线上升，利润大幅缩水，更糟糕的是它还可能像一颗毒瘤打击团队的士气，让大家都觉得自己的努力被白白浪费了。

如何揪出这种浪费呢？新零售人应该像数学家一样，通过一些简单的数学公式找出"真凶"。具体地说，即用门店的营业额除以所有员工工作的时间（以小时为单位），能得到一个人效指标，也就是每人每小时能为门店带来多少收入。然后，我们再把自己店的人效跟其他店的人效相比，就能知道自己是不是"用力过猛"了。

同样的道理，我们也可以用类似的方法评估商品的周转速度。如果我们的商品比其他店的商品周转得更慢，那就说明我们可能多备货了。

总之，门店里的人、货、设备和其他资源都要按需调配，恰到好处。

1.4.2 不合格产品的浪费

想象一下，店员辛苦地调整陈列，将产品摆得整整齐齐、漂漂亮亮，结果领导一看，表示这不是原本想要的效果，要重新弄！或者，统计数据的员工费了半天劲，结果因为数据源错了，一切努力都要推倒重来。还有那些新入职的同事满怀热情地整理产品、仓库，结果因为方法不对、效果不佳，又要从头再来。

这些"乌龙"不仅让店员的工作时间被白白浪费，还可能让他们因为做重复性的工作而感到疲惫和沮丧，就像在跑一场永无止境的马拉松，始终看不到终点。

要避免这种"乌龙"，关键在于预防。团队领导在布置工作之前，就要像导演一样先理清思路，告诉演员（员工）该怎么演、要达到什么效果，最好能给演员一个示范或剧本（模板），让他们心里有数。在员工工作过程中，领导还要时不时地检查进度和效果，给予员工及时的反馈和指导。

这样一来，门店就能大大减少不合格产品造成的浪费，让店员的工作更加高效、有意义，同时让顾客享受到更好的购物体验。

1.4.3　待工的浪费

想象一下，大家准备调整陈列时，突然发现少了某个关键的道具（比如展示架），于是派一名员工去其他门店借用，而其他员工则只能原地等待。

这种待工的浪费不仅让门店的工作效率大打折扣，更糟糕的是它还可能让员工养成懒散的习惯，甚至产生负面情绪，觉得自己的工作没有价值，只是在浪费时间。

要避免待工的浪费，我们需提前做好充分的准备和规划。首先，我们要像后勤部队一样及时跟进货物的配送情况，确保货物能按时抵达"战场"。同时，我们也要做好道具和设备的"点名"工作，做好检查和借用记录，避免临时找不到"战友"或"武器"。

另外，门店管理者也要像指挥官一样合理安排员工的工作任务，避免出现"兵力"分配不均的情况，造成有的人忙得团团转，有的人却无所事事。这样，我们才能最大限度地减少待工的浪费，提高门店的"战斗力"，让每一位员工都能充分发挥自己的价值，为门店创造更多的利润。

从表 1-2 可以看出，这家店的销售高峰期为 18 点到 21 点，这段时间的营业额占到了整个门店的 50%；在其他时间，门店相对"冷清"。门店管理者有没有根据这个"战报"调整人员安排呢？我经常在一些门店看到员工站着发呆，或者来回闲逛，这些都是待工的浪费。

表 1-2　某门店某日 10 点—22 点的销售情况

时间	销售额（平均）（元）	销售额占比（%）	客流量（平均）（人）
10 点	4491	1.2	431
11 点	14729	3.9	608
12 点	17687	4.7	670
13 点	18867	5.0	872
14 点	26124	6.9	1070
15 点	31647	8.3	1166
16 点	33726	8.9	1262
17 点	36863	9.7	1289
18 点	38271	10.1	1384
19 点	44079	11.9	1924
20 点	56005	14.7	1969
21 点	50470	13.3	901
22 点	5998	1.6	0

衡量待工的浪费就是看员工是否有没事干的时候。最有效应对待工的浪费的方法就是提前做好计划，明确每人每项任务的目标、所需时间、工作流程。就像流水线生产一样，流水线应尽量不停顿，持续高效运转。而值班负责人（当天班次的负责人）在现场也要随时根据实际情况调整工作安排，避免产生待工的浪费。

当然，员工不是机器，不可能一直工作，管理者需要做好员工工作强度、节奏和情绪的平衡。

1.4.4　动作的浪费

简单地说，动作的浪费就是那些不产生价值、不合理或效率不高的动作。例如，有些店员会不远不近地跟着顾客，偶尔说一句"可以试一下哟"，这种看似有用的动作和话术，实际上可能并不起什么作用，甚至可能让顾客觉得不舒服而离开；还有些员工在陈列商品时过于追求商品的完美陈列，结果顾客一来，商品很快就被翻乱，这样既浪费时间，又消耗体力。

为了减少这种浪费，管理者要经常到现场看员工的工作方式，随时"找茬"，琢磨哪些动作是多余的，哪些操作方式可以优化。这样不仅能提高工作效率，还能让员工的工作更加轻松和高效。记住，每一个动作都值得我们思考和优化，这样才能真正做到精益求精。

1.4.5　搬运的浪费

从 JIT 的角度看，所有的搬运都不会产生价值，搬运就是一种浪费。当然，以目前的科技手段不太可能实现零搬运，那么新零售人就要尽可能减少搬运的路程和频次。

搬运的浪费具体表现为放置、堆积、移动等动作的浪费，而这些动作的浪费背后还隐藏着空间、时间、人力和工具的浪费。例如，在不同仓库间移动、转运商品并不产生价值；很多门店收银台的物资摆放不合理，导致员工需要花很多时间来回走动或翻找需要的物资；仓库最靠近门的地方放不太常用的商品，常用的反而被放在最里面，于是员工不得不走更长的路线才能拿到需要的商品。

我曾经服务过一个鞋包销售企业，其门店设计十分巧妙，货架下方是柜子，用于储存库存商品。然而，我发现很多门店并没有充分利用这些柜子，要么空置，要么摆放混乱。员工宁愿跑到远处的仓库去找货，也不愿利用眼前的柜子。这就像舞台上的演员明明可以用放在手边的道具，却偏偏要跑到远处去拿，不仅浪费了时间，还可能让观众失去耐心。员工这么做的原因可能是觉得柜子太多，要在这么多柜子里找到特定商品是很麻烦的。

实际上，解决这个问题并不难。我们可以像绘制藏宝图一样，为货架下方的柜子绘制一张地图。例如，柜子 A 放拖鞋，柜子 B 放凉鞋，柜子 C 放钱包，等等。这样让员工在找商品时只需看一眼地图就能迅速定位商品的存放位置，不仅减少了搬运的浪费，还让员工的工作变得更加轻松和高效。

1.4.6　过度加工的浪费

过度加工是指把简单的工作复杂化。例如，很多新零售人似乎在做仓库管理时出现严重的强迫症，他们追求每个商品、每个道具都摆放得整整齐齐，仿佛稍有偏差就会打破世界的和谐。但别忘了，仓库可不是给顾客看的展览馆，它的核心作用是保存好货物，让员工能够迅速找到并取用货物。那些过多的要求只会让工作变得更加复杂，造成浪费。

对于过度加工这个问题，管理者可以在安排工作之前就设定好明确的完成标准和完成时间。这样，员工就能有的放矢，既保证了工作质量，又避免了浪费。

1.4.7　库存的浪费

没有卖出去的货物堆积在仓库，就像钞票被压在巨石下无法流通，也无法产生利息。我曾经服务过的一家企业就遇到过这样的困境。一开始，它有一个 20 平方米的小仓库，但店长觉得不够用，于是租了一个 100 平方米的大仓库。结果没过多久，新仓库就堆满了货物，店长干脆把隔壁的仓库也租下来。就这样，仓库越租越大，货物也越堆越多，仿佛仓库永远都不够用。

实际上，这些堆积如山的货物不仅因为没有卖出去而占用了资金，还因为时间的流逝而不断跌价，从而造成巨大的浪费。理想的状态是顾客需要多少货物，门店就刚好有多少货物。但现实往往并非如此，很多零售公司并不考核门店的库存水平，这让很多店长觉得货物不够多、仓库不够大，却没有意识到货物多并不等于销售机会多，反而可能造成巨大的库存浪费。

要想避免库存浪费，我们就要足够精明，时刻监控库存周转周数等指标。一旦发现库存过多，就要迅速采取措施，减少进货量或加大促销力度，让多余的库存尽快变成现金。这样才能真正避免库存浪费，发挥库存的最大价值。

1.4.8　管理的浪费

管理的浪费是指由于没有很好的管理人员或管理制度而造成的浪费。例如，门店管理者总是坐在办公室里，盯着电脑屏幕，看似忙碌地分析各种数据，却忽略了对门店员工的实时管理，于是门店员工自然就会"放飞自我"；门店的规章制度不清晰，全靠店长说了算，那么当员工对店长的话产生各不相同的理解时，就会频繁出现冲突和误解。

几乎所有门店都或多或少地存在这种管理的漏洞，它就像一颗定时炸弹，随时可能引发其他浪费，让门店的利润直线下滑，团队也可能因此陷入混乱。

要衡量这种浪费，其实并不难。我们只需要观察门店的工作流程是否顺畅，员工的配合度是否高，以及他们对不同标准的理解和执行是否一致。

看到这么多以前没想过的"茬"，估计你也想带你的伙伴一起到门店现场找找"茬"。但是，我要提醒你，要想找到真正的"茬"，还需要具备数据"找茬"能力。

> **现场"找茬"小技巧**
>
> 　　每天给自己设切换顾客视角和上帝视角（站在门店高点看全场）的闹钟，提醒自己前往现场用这两种视角"找茬"，你一定会有非常大的收获。

新零售人有了现场洞察力还不够，毕竟现场的细节太多，陷入细节就看不清门店的全貌，也无法找到问题的准确位置。就像医生诊断患者的病情，现场看诊后还需要"断"，才能找出问题所在。这里的"断"就是指数据"找茬"能力，第 2 章将对此进行详细介绍。

第 2 章

诊完再断：数据"找茬"能力

> ## "找茬"专栏
>
> 3 家门店的 5 月离职数据如表 2-1 所示。如果你是这 3 家门店的区域经理，你能找出什么问题吗？
>
> 表 2-1　3 家门店的 5 月离职数据
>
> | 门店 | A 店 | B 店 | C 店 |
> | --- | --- | --- | --- |
> | 离职率 | 9.1% | 6.3% | 5.4% |

如果你管理的门店业绩很差，怎么办？

作为新零售人的你，肯定已经想到了很多改善业绩的方法，如提升服务、精准推荐、优化货品、调整陈列等。但是，这些方法虽然全面，操作起来却像跑一场马拉松，工作量巨大，并且未必能立刻见效。为什么呢？因为它们缺乏针对性，就像你在黑暗中摸索，很难找到真正的出路。

以门店人工成本过高这个令人头疼的问题为例。门店亏损，很多时候都和人工成本过高脱不了关系。你可能会想，那就减少员工吧！然而，这只是冰山一角。真正的"茬"在哪里呢？人工成本过高，是因为管理层薪资过高，还是因为普通员工薪资占比过高？是员工的工作量大导致的，还是员工的工作效率低造成的？

只有深入挖掘这些问题，找到真正的"茬"，你才能给出有针对性的解决方案；否则就会迷失方向，徒劳无功。

但是，怎么判断哪个才是真正的"茬"呢？单靠上一章提到的现场洞察是不够的，只有数据才能帮助我们判断真正的"茬"在哪里。像客流量、客单价、人工成本和工作量等核心指标，都需要通过繁杂的数据去分析、判断。

很多新零售人又会有这样的烦恼：数据这么多，该怎样找到真正的"茬"，又该从何处下手呢？这就需要你具有利用数据诊断"茬"的能力。

2.1　读懂数据的 3 条秘诀

零售行业的数据繁多复杂。各种报表上的数据密密麻麻，很多人看到后一头雾水，根本不知道从哪入手。这里介绍 3 条读懂数据的秘诀：与基准比较、看变化、拆构成。掌握这 3 条秘诀，你就能读懂大部分数据了。

2.1.1 数据好不好：与基准比较

看到一组数据时，可以先从大到小与基准比一比。基准是指目标值、同类产品或竞品的数据和高一层级的数据。与基准比一比，才能知道数据到底好不好。

表 2-2 所示的是某连锁店在某区域内 4 家门店的一周业绩情况，我们要分析的是 B 店的业绩。

先用销售额与销售目标这个基准比较，B 店的达成率是83%。很多人看到这里就会说 B 店表现不好，因为它没有达成目标。但别急着下结论，此时只对比了 B 店的销售额与销售目标，没达到销售目标并不能直接说明 B 店的表现差，我们还需要继续对比其他基准。

接下来，跟同类产品或竞品的数据比较。与其他几家门店的对比可知，B 店的达成率排在第 3 名，表现相对较差。

此时，我们可以大致判断 B 店的表现并不理想。但分析不能就此止步，我们需要进一步分析数据的变化和构成。

2.1.2 把握趋势：看变化

看变化就是要关注数据的变化趋势，具体地说就是看同比（和去年同一时期比较）和环比（和上一个时期比较，比如与上周数据比较）。虽然通过前文与基准比较可知，B 店的达成率不太理想，但如果其发展趋势是不断向好的，我们就不能直接断定

表2-2 某连锁店在某区域内4家门店的一周业绩情况

项目	周销售额				客流量		成交率		连带购买件数		件单价	
	销售目标（元）	销售额（元）	达成率（%）	销售额环比（%）	实际（人）	环比（%）	实际（%）	环比（%）	实际（件）	环比（%）	实际（元）	环比（%）
A店	49648	33659	68	-16	1331	-11	8	4	1.23	-2.6	257	-6
B店	72216	59592	83	-1	6121	10	3	-12	1.22	-1.9	266	5
C店	36333	39914	110	-18	3240	-8	4	-7	1.18	-0.7	261	-1
D店	40621	36987	91	4	1250	-2	9	11	1.17	-2.9	281	-2

B 店表现不好。

在表 2-2 中，我们进一步分析 B 店的数据，其销售额环比下滑了 1%。虽然实际发生了下滑，但与同区域其他门店相比，其下滑幅度较小。也就是说，在几乎整体呈现环比下滑的情况下，B 店的下滑幅度较小，表现相对较好。

2.1.3 问题在哪里：拆构成

前文将数据与基准做了对比，也观察了数据的变化，但还不能得出最终结论。前两步只是判断了数据整体表现的好坏及数据的变化趋势，而拆构成则是指从不同维度对数据进行拆解，深入探究每一组数据的好坏及问题所在。

例如，我们发现 B 店的达成率相对不高，但环比数据尚可接受。那么，B 店具体在哪里出了问题呢？由于销售额的数值太大，我们难以直接看到真正的问题，因此需要对销售额进行拆解。

销售额 = 客单价 × 客单数

= （件单价 × 连带购买件数）× （客流量 × 成交率）

通过拆解，我们得到以上 4 个子数据。其中，B 店的一项关键指标——成交率环比下降了 12%，且其成交率在 4 家门店中排名倒数第一。整体来看，虽然 B 店的销售额环比下滑 1%，表现相对较好，但这实际上得益于客流量环比增长 10%。在客流量大幅增加的情况下，B 店的销售额却未能同步增长，最主要的原因就是成交率大幅下滑。

我们要注意，与基准比较、看变化和拆构成这 3 个步骤通常是结合起来进行的。在分析任何数据时，我们都不能孤立地看待这些数据，而需要不断与基准进行比较，确认数据的变化趋势，并将大数据拆解为最小单元，以便找到真正的问题。

B 店的关键问题在于成交率下滑严重，我们还可以继续深入分析。例如，从时间或购物历程的维度进一步拆解成交率，第 3 章会详细说明。

2.2　用于快速了解门店状况的 5 类关键数据

如果有一天要向上级汇报一家门店的整体情况，你会选择呈现哪些数据？如果有一天要盘点门店的货品，作为有数据思维的新零售人，你会选择分析哪些数据？

下面将介绍可以通过哪些数据快速把握门店的基础情况及存在的问题。

2.2.1　营业额数据

衡量一家门店的营业额情况，要关注以下几个关键指标。

（1）营业额达成率

营业额达成率即当前的营业额与营业额目标的比值，用于监控营业额目标的达成情况。

（2）营业额同比

营业额同比是指今年某时段的营业额相比去年同期营业额的变化幅度。

（3）营业额环比

营业额环比反映的是某时段的营业额相比上一个时段营业额的变化幅度。

在综合分析这些指标时，我们需要注意单一指标可能存在局限性。例如，即使营业额达成率特别高，也不一定代表门店整体表现优异，因为销售目标可能设定得过于保守。因此，在确认营业额达成率后，我们还需要对比其他基准，并关注营业额的变化情况，包括同比和环比变化。

此外，营业额数据是一个总数据，为了更好地了解门店的经营状况，我们还需要将其拆分为各个细项，查看每一个细项的具体情况。本书后面的章节将详细介绍。

除了上述关键指标，门店还会特别关注"坪效"这个指标，它指的是门店单位面积的业绩产出水平。具体地说，门店月坪效可以用月销售额除以营业面积来计算。这个指标能够直观地反映门店单位面积的生产效率。在评估一家门店的坪效时，我们需要将其与相似的门店的坪效进行对比，以判断其表现是否良好。

2.2.2 商品数据

商品是门店运营的核心资源，备货不足会影响顾客购买和顾客体验，但是备货过多又容易导致库存积压和浪费。为了全方位合理把控门店的商品数量，我们通常需要确认以下数据。

（1）畅销款排名

了解门店的畅销款排名是非常有必要的。门店管理者应每天结合畅销款排名检查门店的畅销款库存情况及陈列位置。当畅销款库存不足或断码时，门店管理者应迅速安排补货或调整陈列方式。

（2）库存品类数据

品类是指门店内不同类别的商品，如服装店的连衣裙、衬衫、裤子等。我们可以通过对比不同品类的销售额、库存占比、销售占比、库存周转周数等具体数据，及时调整库存。例如，当冬天特别冷时，如果羽绒服的销售占比达到40%，但库存占比只有5%，那么我们基本能判断羽绒服库存不足，而其他无效的品类库存过多。

（3）库存周转周数

库存周转周数 = 库存数量或金额 ÷ 上周销售数量或金额

这是衡量库存效率和资金占用情况的重要指标，表示按照目前的销售业绩，库存数量或金额能够维持几周的销售。但需要注意的是不能孤立地看这个数据，还需要结合断码数据及满场率综合判断。

（4）满场率

$$满场率 = 库存 SKU^{①} 数量 \div 门店所需陈列 SKU 数量$$

满场率是判断门店库存是否合理的关键指标。满场率过低意味着卖场陈列不够充足，顾客的选择有限；而满场率过高则可能导致库存过多，卖场拥挤。因此，门店管理者应根据满场率数据及时调整商品的陈列和库存，以保证顾客有良好的购物体验。

2.2.3 会员数据

顾客是门店业绩的来源，而会员则是非常重要的顾客。会员是门店业绩的主要贡献者，他们的维护成本通常却比普通顾客要低。为了做好会员管理，我们需要确认以下数据。

（1）会员数量

会员数量是指门店会员的总数量，用于衡量门店的会员运营情况。

（2）会员回购率或复购率

回购率和复购率的含义在不同的公司中可能不同，但其本质都是用来衡量顾客重复购买的频率。会员回购率或复购率越高，说明会员对门店的黏性越强。

---

① SKU：Stock Keeping Unit，最小存货单位。

（3）会员销售金额或数量占比

这个数据是指会员购买的金额或数量占门店总销售金额或数量的比例，用于衡量门店会员的贡献率。门店可以设定合理的会员购买比例目标，从而引导员工更有目的地发展会员。

（4）各层级会员的年度消费频次和单次消费金额

这两个数据是指不同层级的会员一年到店消费的频次及每次消费的平均金额，有助于门店更有针对性地投入资源管理和维护不同层级的会员。

2.2.4 人员数据

只有管理好内部人员，一家门店才有可能组织好适配的货和维护好场以服务用户。在人员管理方面，我们需要关注以下指标。

（1）人时效率

人时效率（简称"人效"）即每人每小时的业绩产出，用公式表示就是"人效＝销售额 ÷ 门店总人时"。人效越高，说明门店每人每小时的业绩产出越高。提升这个数据不仅可以提升营业额，还可以通过控制月度总人时来提高工作效率，具体参考本书7.4 节。

（2）人员满编率

人员满编率即团队实际人员数量与目标人员数量之比。这个数据常用于判断一个团队的人员是否充足。

（3）人员离职率

人员离职率是指团队人员在一个时间周期内的离职比例，常用于判断团队的稳定性。但我们在分析这个数据时除了要看绝对值，还要看其变化情况。

（4）人员晋升率

人员晋升率是指团队人员在一个时间周期内晋升的比例，常用于判断团队人员的成长情况。

以上数据用于判断门店人员情况，但每个数据并非绝对的越高越好或越低越好。超过或低于某个阈值就可能会带来问题。例如，人效过高可能是门店人员不足的表现，长期在人员不足的情况下运营可能会陷入人员流失、门店业绩变差的恶性循环；虽然我们通常认为人员离职率越低越好，但如果一家门店持续没有人员离职，也可能会带来团队老化、人员缺乏活力和动力等问题。因此，要判断一个团队的健康情况，还需要综合分析这几个指标。

2.2.5　利润数据

获取利润是门店经营的核心目标之一，对于门店的生存和发展至关重要。关键利润数据包括毛利、毛利率、利润、利润率、成本等。

$$利润率 = 利润 \div 成本 \times 100\%$$

利润是每个门店都追求的目标，要提升利润，一方面要提升业绩，另一方面要控制成本。具体地说，我们可以确认不同科目的成本数据，包括预算达成率及成本占比等，从而调整相应的管理方式，以提升利润。例如，一个连锁店品牌的人工成本占比通常为 10%，但是某家门店的人工成本占比为 25%，就说明该门店在人员管理方面可能有很大的提升空间。

现在，作为新零售人，你已经知道了零售门店的关键数据，也掌握了通过与基准比较、看变化、拆构成来读懂数据的方法，但我还要提醒你避免踩数据的"坑"。

2.3 数据"避坑"指南

很多新零售人觉得数据能代表一切，于是花很多时间研究数据，却常常被数据蒙蔽，走了很多弯路。殊不知，数据只是工具，而不是终点。

2.3.1 别被数据骗了

本章开头关于离职数据的"茬"，你找到了吗？你是不是会因为 A 店的离职率为 9.1%，明显高于 B 店和 C 店，所以认为这家门店的团队存在不稳定的问题呢？其实不一定。

做数据分析时，最怕好不容易找出来"茬"，兴冲冲地给了解决方案，却让问题越来越严重。其实，表 2-1 的数据里埋着一个"坑"。我们继续看表 2-3。

表 2-3　3 家门店的 5 月人员数据

门店	A 店	B 店	C 店
门店人数	11	32	56
离职人数	1	2	3
离职率	9.1%	6.3%	5.4%

表 2-3 比表 2-1 多了门店人数和离职人数两组数据。就门店人数而言，A 店只有 11 人，而 B 店和 C 店都超过 30 人。A 店在 5 月只离职 1 人，离职率就是 9.1%，看起来很高，实际上是因为 A 店的人员基数太小。1 个月里有 1 人离职并不能说明团队管理不好，因为样本量太小，个别人数变动就会带来数据的大波动。

为了更准确地理解数据，我们应该加入离职率的变化情况来综合判断门店的团队稳定性。这也是前文讲的看数据不仅要对比基准，还要看变化和拆构成，这样才能找到真相。某服装店的重点品类数据如表 2-4 所示。

表 2-4　某服装店的重点品类数据

品类	库存周转周数	销售额占比	库存占比
男装	10.5	40%	45%
女装	8.9	50%	48%
配件	9.2	10%	7%
所有系列整体	9.8	100%	100%

在表 2-4 中，这家服装店里男装的库存周转周数是 10.5 周，比女装和配件的都长。同时，男装的库存占比达到 45%，高于其销售额占比，表明男装库存相对充足。但是，男装库存真的够吗？我们继续看表 2-5 中经过拆分的数据（将男装拆分为各个品类）。

表 2-5　某服装店的重点品类及男装拆分数据

类别		库存周转周数	销售额占比	库存占比
各系列	男装	10.5	40%	45%
	女装	8.9	50%	48%
	配件	9.2	10%	7%
	所有系列整体	9.8	100%	100%
男装	外套	10.1	35%	36%
	裤子	8.9	25%	19%
	衬衫	13	8%	10%
	T 恤	6.8	15%	17%
	针织	7.9	17%	18%
	男装整体	10.5	100%	100%

由表 2-5 中男装各品类的拆分数据可知，外套的库存周转周数较长，且库存占比高于销售额占比，这似乎表明外套的库存充足。然而，当我们继续将男装外套拆分到更小的品类（见表 2-6）时，情况就变得不一样了。

表 2-6 某服装店的重点品类、男装及男装外套拆分数据

类别		库存周转周数	销售额占比	库存占比	断码率
各系列	男装	10.5	40%	45%	26%
	女装	8.9	50%	48%	28%
	配件	9.2	10%	7%	29%
	所有系列整体	9.8	100%	100%	28%
男装	外套	10.1	35%	36%	38%
	裤子	8.9	25%	19%	42%
	衬衫	13	8%	10%	5%
	T恤	6.8	15%	17%	21%
	针织	7.9	17%	18%	19%
	男装整体	10.5	100%	100%	25%
男装外套	羽绒服	4.3	46%	16%	68%
	呢子外套	5.0	32%	21%	54%
	薄外套	28.6	5%	20%	24%
	牛仔外套	14.2	8%	18%	18%
	风衣	16.8	6%	19%	21%
	其他	10.1	3%	6%	35%

男装外套中，羽绒服和呢子外套的销售额占比高达 78%（占男装外套总销售额的比例），但它们的库存周转周数只有 4～5 周，是所有子品类中最低的。而且，其库存占比（16% 和 21%）远低于销售额占比，断码率也高出其他子品类很多。这表明，如果不深入这一层级的数据分析，我们可能无法发现真正的问题。羽绒服和呢子外套的销售表现良好，但库存不足，而薄外套等的库存过多，拉高了男装外套的平均库存水平。因此，在评估库存情况

时，我们需要细化到各个子品类，以洞察真正的机会点。

2.3.2　现场亲眼见：为什么数据是这样的

数据是新零售人的指南针，现场则是真实的战场。

如果你是一个连锁门店负责人，你负责的门店的商品周销售和库存数据如表 2-7 所示，针对 × 款商品你会采取什么行动呢？

表 2-7　某门店的畅销款商品周销售和库存数据

门店	A 店	B 店	C 店
× 款销售件数	10	35	45
× 款销售额占总体业绩比例	5%	9%	10%
× 款库存件数	30	20	15

基于表 2-7 的数据，大多数人应该会选择把 × 款商品从 A 店调一些到 B 店或 C 店，毕竟 A 店销售不佳，库存还比较多，而 B 店、C 店销售良好，库存却不足。但是，在采取这样的行动之前，你是否考虑过以下问题呢？

第一，A 店销售不佳的原因可能并非仅仅是顾客不喜欢这款商品，也可能是因为仓库忘记出货，或者商品陈列位置不佳，或者某些颜色、尺码不受欢迎。如果是后面几种原因，简单地将商品调到其他门店可能不会产生预期的效果。

第二，这款商品的生命周期或调货时间是否过长，调货成本是否过高，以及调货是否真的比将这款商品留在 A 店销售更合适。

以上问题仅凭数据是很难得到确切答案的，我们更需要进行现场确认，即到门店查找问题的真实原因。

某连锁门店的商品单价一直很低，我通过深入的数据分析发现是因为该门店的 T 恤销售得特别好，而连衣裙销售得很差。在我提供相应的数据后，店长认为这表明该店的顾客更喜欢购买 T 恤，因此准备增加 T 恤的进货量。但我阻止了他，并带他一起在门店现场观察。通过现场观察，我们发现 T 恤销售好的原因是门店总将 T 恤摆放在最显眼的正面展示位置，而单价较高的连衣裙则被放在相对不太好的侧面陈列位置。因此，该门店实际上应该采取的解决方案是将连衣裙放到更好的展示位置，这样门店的商品单价会有所提升。

避免被数据欺骗的小技巧

- 找到能真实准确反映你要了解的情况的数据。例如，为了反映门店的业绩表现，我们可以查看销售目标达成率、同比数据，并与其他门店进行对比（对比维度越多，越能准确把握这个数据的真正含义）。
- 新零售人不要孤立地看数据，要与行业基准、历史数据或其他相关指标进行比较，同时观察数据的变化趋势，拆解数据构成，这些步骤缺一不可。多与相关数据比一比，多拆一拆数据构成，就能更接近真相。
- 不要仅仅依赖数据分析，还要到现场观察实际情况，使其与数据相互印证。

掌握了这些避免数据陷阱的指南，你将能够更好地进行数据分析。但是，成为数据分析高手，还需要不断学习和实践。新零售人不仅要会分析数据，还要用数据思维武装自己。

2.4 零售作战必备：数据思维

新零售人绝对不能忽视数据思维的重要性，数据思维不仅能帮助我们分析数据，还是我们明确目标、有效解决问题的重要帮手。例如，有一天上级说你的门店服务不好，于是你下定决心要改善服务，你会怎么做呢？可能你会经常在例会上提醒大家要多微笑、多打招呼、多递送购物袋，又或者经常现场批评员工："你的服务太差了，要多微笑！"这样持续一个月，你觉得结果会怎样呢？你的上级大概率会认为你的门店没什么变化。

为什么呢？其实核心就是你缺少数据思维。

首先，上级为什么说你的门店服务不好？具体什么样的服务才算是好的服务呢？

其次，你在要求员工改善服务时没有清晰传递衡量标准是什么，那员工怎么知道自己达没达标，以及怎样达标呢？

如果你没有用数据思维理解和满足上级的需求，以及制定工作计划，结果往往会不尽如人意。可以说，数据思维是新零售人必备的思维。

但是，数据思维是什么？是记得很多数据吗？其实不止于此。我遇到过的很多技能很强的新零售人也会搞不清楚什么是数据思维及怎样培养数据思维，下面进行详细讲解。

2.4.1 什么是数据思维

数据思维就像一双能够透视真相的慧眼，它能让我们用数据这把"钥匙"打开问题的大门，并寻找解决之道。记住，数据的魔力不在于它本身，而在于它能帮助我们找到问题的根源，以及解决问题的最佳途径。

但有时候，我们可能会陷入一个误区。就像门店的员工每天辛勤地写着各种分析："今天门店业绩没达标，只完成了 90%，而且下午 4 点到 5 点居然只卖了 1000 元。"这样的分析虽然充满了数据，但更像把数据当作一串冰冷的数字，而没有真正挖掘数据蕴含的价值（要知道，90% 的达成率和 1000 元的销售额只是结果，并不能反映产生问题的原因）。这样的思考方式并不是真正的数据思维。

那么，什么才是真正的数据思维呢？我们看一个例子。有家门店的管理人员发现了一些不寻常的现象。例如，门店的员工离职率高达 15%，远远超过了整个区域的平均水平（6%）。于是，管理人员运用数据思维往下挖掘，发现这些离职的员工中有 80% 是入职才 3 个月的新人。通过深入的分析和沟通，管理人员得知新人在入职后缺乏有效的带教和团队关怀，导致他们缺乏归属感，从而做出了离职的决定。这就是非常典型的管理人员运用数据思维找到问题根源的案例。

2.4.2 3 个方法培养数据思维

培养数据思维的方法如图 2-1 所示。

量转型

数据思
维培养

量定义

结果量

图 2-1 培养数据思维的 3 个方法

（1）量转型

量转型就像把思维从模糊的定性世界拉进精确的定量王国。以前你可能习惯用感觉描述事情，现在要尝试用数字来描述。例如，对于门店业绩不佳别再说"表现不好"，而是换成"门店的达成率仅为 60%，低于区域的达成率（90%）"；你想表达同事偷懒，经常在上班时去厕所，可以说"他今天去了 10 次厕所，时间最长的一次有半小时"。你看，这样的描述是不是更有说服力？

（2）量定义

量定义就像给事物贴上精确的标签。我们应找到一个关键量，这个量能揭示事物的本质，使其与其他事物区分开来。例如，本节开头的例子，门店要改善服务，门店经理却只是对员工说："我们要改善服务，大家要多微笑、多打招呼、多递送购物袋！"结果就很难令人满意，因为员工不清楚"改善""多"的标准是什么，管理者也很难判断员工是否达到要求。

我们可以把每个要求都用关键量来定义清楚。例如，把多微笑定义成面朝顾客时必须露出 8 颗牙齿微笑，把多打招呼换成 1 分钟打 3 次招呼，把多递送购物袋换成每天每人递送 15 个购物袋；表达团队人员不足时可以用晋升率高这个关键量，但是不能用工资水平低这个错误量。

（3）结果量

结果量就是用量化指标检验我们的努力是否得到了回报。很多新零售人忙忙碌碌，但不清楚自己的工作带来了什么结果。例如，店长与其他门店合作，当被问到提升了多少业绩时却答不上来。这时，我们需要用数据来量化结果，如"这次合作带来了 50 个新顾客、1000 元销售额"，或者"与投入的广告成本相比，回报率为 100%"。

新零售人应该以结果为导向，做任何事都要尽可能用数据量化结果。结果量不仅体现在定义销售额上，还体现在服务改善、人员管理、商品管理等零售管理的方方面面。

培养数据思维的小技巧

　　给你的周计划里的每一条计划都加上量化目标，坚持 3 个月，相信你一定会具备数据思维。例如，把"下周要重点关注新入职员工的培训"，换成"下周一要跟新入职员工进行 1 次面谈，设立 3 个当周学习和考核的目标，并且每两天跟进一次完成进度并给予反馈"。在这个例子里，原计划的"重点关注"太抽象，你可能做着做着就忘了；调整后的计划有明确的时间和具体的要求，可落地性就强很多。

　　到这里，你已经掌握了现场"找茬"能力和数据"找茬"能力，是一名零售"找茬"高手了。但是，我要提醒你，我们"找茬"不是为了挑毛病，而是为了解决问题和提升门店业绩。所以，不要沉迷于找各种问题，却忽视了解决问题。解决问题是需要聚焦的，一次性解决所有问题是不现实的，我们可以把问题分类，有节奏、有重点地解决，并持续精进。

　　本书接下来的第 2 部分将用 6 大公式带你拆解营业额，并基于以上 2 种能力帮助你构建经营零售门店的理论体系。

提升营业额的 6 大公式

　　市面上充斥着五花八门的书籍、课程和视频，它们纷纷为零售行业提供提升门店营业额的秘诀。有的强调服务的重要性，有的教你如何用巧妙话术吸引顾客，还有的推荐利用社群等工具拓展市场。这些策略确实有其独到之处，但往往难以彻底扭转门店的困境，达到你心中的理想目标。

　　实际上，大多数门店的业绩不尽如人意，并非由单一因素所致，而是由诸多细微之处累积而成的。这些零零碎碎、边边角角的问题有时让人眼花缭乱，难以一一厘清，更不用说仅凭一两个方法就能彻底解决了。

　　不过，别急！接下来，我将带你通过 3 个角度——乘法公式角度、物理空间角度和时间角度，将门店现场的各种"疑难杂症"串联起来，并将营业额拆解为 6 大核心公式。这个框架将全面展现营业额的组成要素，每一个公式中的因子都可能成为提升门店营业额的关键。

你在这 6 大公式中精准定位关键问题，就如同获得了一张详尽且实用的门店业绩提升"地图"。有了这张"地图"，你将能够更有针对性地制定策略，从而轻松提升门店业绩。

第3章

搞定门店关键指标，业绩马上翻倍

"找茬"专栏

先看一家门店的案例，找找看，你觉得案例中有哪些影响这家门店营业额的"茬"。

有一天，你走进一家礼品店，一进店就有员工如影随形。每当你触摸商品后，她都会迅速走过来整理，仿佛担心你弄乱了她的宝贝。这种"贴身"服务让你有些尴尬，不禁想减少触摸商品的次数，生怕引起她的"注意"。

接下来，店内的空间布局也令人不适。货架密集得让你感到有些压抑，你在试戴帽子时还要时刻防备背后涌来的人潮。为了避免这种"夹缝中求生存"的尴尬，你只好转移到相对人少的区域。

然后，你来到了文具区。这里的笔种类繁多，看起来都很有吸引力。然而，在试用过几支样品后，你发现书写体验极差。这种失望感让你对这些笔失去了兴趣。

接着，你来到了玩具区。这里的货架上摆放着各种可爱的娃娃，你挑了两个心仪的。但当你被最上层的大娃娃吸引时，却发现自己够不着。你求助店员，等待了许久后，她终于搬来了梯子帮你取下大娃娃。然而，你在看到大娃娃上积满灰尘时，心中的喜悦瞬间化为乌有。

最后，你来到了收银台。这里人潮涌动，你不得不排队等待。等待十几分钟后，终于轮到你。收银员扫描完商品后告诉你：只需再买20元，就可以享受50元的优惠。然而，看到身后长长的队伍，你实在没有耐心继续挑选商品并再排一次队。同时，你的心中也不禁升起一丝疑惑：为什么之前没有人告诉我这个优惠呢？

$$营业额 = 客单数 \times 客单价$$
$$= 客流量 \times 成交率 \times 连带率 \times 件单价$$

可以说，这是零售行业里最核心的业绩公式，每个新零售人都在密切关注公式右侧的指标，追求业绩的提升。这个公式是什么意思呢？简单地说，就是有多少顾客在你的门店消费，以及他们平均愿意掏出多少钱。这两个关键因素相乘，便构成了你的营业额。

再深挖一下，客单数还能拆成"客流量 × 成交率"，而客单价则能拆成"连带率 × 件单价"。

客流量就像门店的"流量明星"，它代表有多少人被你的门店吸引，愿意进入门店；而成交率则是客流量中的"忠实粉丝"比例，说明真正购物的人数占比；连带率则是门店里的"购物小能手"，它衡量着顾客在你的门店里平均购买了多少件商品；而件单价则是每件商品的"身价"。

对于零售店的管理者来说，这 4 个小因子可是决定营业额的"4 大支柱"，大家当然都盯着它们，特别是成交率和连带率这两根"擎天柱"。但很多人还是在做好服务、陈列等基础工作上打转，真正能提出针对性提升方案的并不多。

本书专为每个因子量身打造的"升级秘诀"，使用方便，能有效提升你的业绩。至于客流量这个"大魔王"，我将在第 4 章分析如何搞定它。我先拆解成交率、连带率和件单价，看它们到底有什么奥秘。

3.1　拆解对了成交率，让人一逛就买

成交率的意思是进店的顾客转化为付费顾客的比例。例如，100 个顾客进店，有 5 个顾客最终付费，成交率就是 5%。

成交率一直是零售门店关注的重点 KPI（关键绩效指标）。近年来，随着品牌和渠道如雨后春笋般涌现，顾客的选择变得丰富多样，这也让不少零售门店的成交率下滑。大家纷纷喊出"提升成交率"的口号，但往往缺乏实际有效的解决方案。

那么，提升成交率的关键究竟在哪里呢？答案就藏在对成交

率的拆解中。

3.1.1　顾客一逛就买，关键是找到抓手

假如你的门店成交率不尽如人意，你会怎么办呢？是重新调整陈列，提升服务品质，还是优化货品管理？这些听起来都很有道理，但似乎总是缺少"点睛之笔"，员工听完还是一头雾水，不知如何下手。

对于连带率，我们可以明确地设定目标。例如，尽量让每一位顾客至少购买 2 件商品。这样每个人都清楚自己的任务，也能立即看到效果。但是，对于成交率呢？难道我们只能说"昨天的成交率是 5%，今天我们要提升到 6%"？这样的话不仅空洞无物，而且会让员工感到无从下手。

其实，提升成交率并非无章可循，关键在于找到抓手，也就是那个能让你明确目标、指导行动的关键点。

接下来，我将从空间和时间两个维度出发，用拆解的思路为你揭示如何提升成交率。

3.1.2　购物旅程拆解，顾客越逛越想买

我们可以对顾客的购物旅程进行拆解，从顾客踏入门店的那一刻起，直到最终付费。这段旅程就像一个神奇的漏斗，可以被巧妙地拆解成 4 个精彩的关卡，如图 3-1 所示。

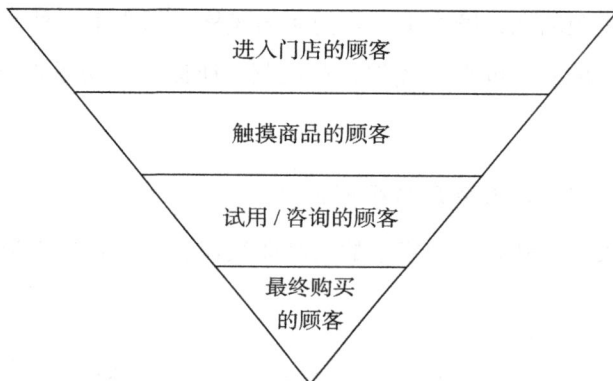

图 3-1　顾客入店消费漏斗

　　顾客首先走进门店，然后好奇地触摸各种商品，接着兴奋地咨询或试用心仪的商品，最后心满意足地购买心仪之选。然而，这个漏斗并不完美，因为在每一层都会有一些顾客因为各种原因而"漏"出去，没能继续向下转化。

　　在这个漏斗中，成交率就是那些从最高层一直走到最底层的最终付费购买的顾客所占的比例。提升成交率的关键就在于找到每一层的漏洞在哪里，然后堵住漏洞，让更多顾客从漏斗顶层走到底层。下面让我们一起化身为购物旅程的侦探，在漏斗的每一层寻找并修复那些漏洞。

创造环境，进店就摸

　　我们先思考一个问题：顾客进入门店后，为什么会连商品都没有触摸就离开了呢？主要有 4 个原因：顾客没看到感兴趣的商品；门店环境不佳（如太挤了、太乱了等）；店内员工的态度令顾客产生距离感；顾客不喜欢门店的风格。因为第 4 种情况属于顾客自身的喜好问题，我们无法控制，所以接下来重点分析前 3 种情况。

（1）顾客没看到感兴趣的商品

解决方案就是让门店中的商品能快速引起顾客的兴趣，具体措施如下。

- 在陈列上，门店要注意把畅销款和最吸引人的款式都放在门店的关键位置，确保能快速引起顾客的兴趣。
- 除了要在优势位置放上合适的商品，还要有策展思维，通过商品的陈列串起一条故事线，引导顾客有兴趣沿着动线逛完门店。
- 门店每天、每周都要检查畅销、滞销商品，以及和同类型门店的畅销、滞销商品对比，看有没有差异和机会点。例如，畅销款是不是都放在合理的位置，是否容易吸引顾客触摸；其他门店的畅销款有没有出现卖得不好的情况，等等。
- 一个展示面尽量呈现给顾客一套解决方案，让顾客有场景感。例如，婚纱搭配漂亮的高跟鞋和头纱，营造梦幻感。门店也可以给顾客提供丰富的选择，让顾客觉得必须通过触摸来选一选。例如，美妆店陈列口红时一般会把多种颜色的口红摆在一起，让顾客觉得其中总有一种合适的。
- 对于服务型门店，顾客在进入一个区域后，门店员工主动介绍这个区域主要展示的畅销款，或者顾客可能喜欢的商品，甚至要引导顾客触摸商品："这是我们的爆款，用的是 ××

材料,手感非常好,您摸摸看。"

(2)门店环境不佳

在高峰期,因为客流量激增,门店很容易出现环境问题。顾客踏入一家门店,如果感受到的是拥挤不堪或脏乱无序,那么他们的购物热情就会瞬间冷却。

我曾处理过类似的问题。一家有 3 层楼的服装店,客流量巨大。一楼作为黄金地段,空间较小,货架排列得比较密集。门店在平时的成交率有 10% 左右,而在高峰期的成交率只有 5%。我在高峰期观察顾客的动线后发现,有些顾客在店内行走时会不小心与试衣间门口排队的顾客发生碰撞,这种拥挤感让很多顾客选择转身离开。而那长长的队伍在无形中成了卖场的一条分界线,界线的一边人头攒动,商品触摸率高;另一边则冷冷清清,顾客稀少。

找到了问题所在,解决方案就呼之欲出——拆掉堵塞点附近的部分货架。当时,门店的店长对此持怀疑态度,她担心减少货架会影响出货量,进而影响业绩。但事实证明,我的决策是正确的。当两个货架被移除后,那个令人头疼的堵塞点消失了,顾客的动线变得宽敞起来。更多顾客愿意深入卖场探索,商品的触摸率也随之提升。最终,内部区域的商品销量增长了 10%,门店在高峰期的成交率也提升了 10%。

帕科·昂德希尔在《顾客为什么购买》一书中提到,当顾客在选购商品时被人群碰撞超过 3 次,他们往往会选择放弃购买并离开。这解释了为什么很多门店在高峰期会出现成交率下滑的现象。因此，在关键时刻，我们需要做出明智的取舍，为顾客创造舒适、宽敞的购物环境。

门店观察小技巧

我建议你每天每隔一段时间就花 10 分钟站在一个能看到全局的高点，观察整个门店的顾客动线和行为。这不仅仅是一个简单的观察过程，更是一次与门店深度对话的机会。在这个过程中，你需要不断思考顾客走向哪里？在哪里驻足停留？又为何选择离开？

你会发现，那些平时看似微不足道的小细节中可能隐藏着影响顾客体验的大问题。

（3）门店员工的态度令顾客产生距离感

我在逛门店时，常常一踏入店内就产生一股莫名的距离感，让我对商品望而却步，甚至不好意思向门店员工询问。特别是某些精品店，每当我进门，总有门店员工对我上下打量，然后不冷不热地打个招呼，接着就像影子一样跟着我，直到我走出门店。很多消费者都有类似的经历：门店员工冷漠且如影随形，让人感觉仿佛被监视一般。在这种氛围下，我们往往因为怕不买东西有压力而不敢轻易触摸或试用商品，最后只好选择离开。

遗憾的是许多门店并未意识到这种服务的弊端，反而以此为荣，觉得自己的员工有眼力见，销售能力强。虽然这类员工确实擅长识别顾客，也可能促成一些大额交易，但他们都忽略了"沉没损失"——那些看起来购物欲望不强的顾客因为产生距离感而匆匆离开，没有机会仔细挑选商品。

如果我们能消除这种距离感，即使这些"不被看好"的顾客最终成交率不高，但吸引更多顾客留下来，就意味着有可能促成更多的交易。

减少阻碍，让顾客一摸就试

我们反过来想一想，什么情况下顾客触摸了商品，但是没有试用或咨询就离开了呢？可能存在 4 种原因：顾客对商品感兴趣，但是没找到自己心仪的型号或颜色；顾客对商品感兴趣，但是觉得性价比不高；顾客对商品感兴趣，但是试用环境不好；顾客触摸商品以后，觉得不是自己想要的。第 4 种情况属于顾客的个人喜好问题，接下来我们主要分析前 3 种情况。

（1）顾客对商品感兴趣，但是没找到自己心仪的型号或颜色

之所以出现这种情况，可能是因为门店缺货，或者有货在仓库没来得及拿出来，或者门店太乱让顾客找不到。无论如何，顾客翻两下找不到目标商品，就很可能失去兴趣并离开门店。对这种情况，门店要做以下动作。

- 建立明确的补货机制，以及提升所有员工随时补货的意识。

例如，每天哪些时段要补多少货，谁负责多长时间补好货。

- 训练员工在看到优势位置的商品不足时能马上调整陈列，从而避免顾客看到缺货、断码的商品。
- 当顾客感兴趣的商品出现缺货时，员工有能力快速用替代商品满足顾客的需求。
- 打通线上线下或多门店的共享库存，引导顾客在库存不足时扫码线上下单可以最大化地消除门店缺货这个"茬"。

（2）顾客对商品感兴趣，但是觉得性价比不高

针对这种情况，我们可以从两方面入手，提升顾客对该商品性价比的感知。

一方面，我们可以巧妙运用商品展示技巧凸显商品价值。例如，奢侈品店往往通过减少陈列数量，使每个商品都显得珍贵且稀缺，从而增加顾客对价格的认同感；在超市中，那些醒目的促销和限时特优广告牌总能吸引顾客驻足挑选。因此，在非促销期，我们可以采用宽松而精致的陈列方式，营造出一种高品质的氛围；而在促销期，加大陈列量，配合醒目的降价宣传画，让顾客感受到"买到就是赚到"的喜悦。

另一方面，员工的介绍也至关重要。员工能否精准传达商品的亮点和卖点，让顾客觉得物超所值，往往决定了交易能否成功。同时，降低顾客试用的门槛，例如，通过试吃、试穿等方式让顾客更直观地感受商品，也是提升成交率的有效手段。

（3）顾客对商品感兴趣，但是试用环境不好

我在开一家新服装店时就遇到过这样的问题。店内顾客络绎不绝，需要排队等候试穿，导致很多人放弃购买。为了解决这个问题，我们推出了"买回家试穿，30 天内可退换"的政策，门店的成交率和业绩也随之增长了近 20%。

当然，除了店内客流量大导致的不便，出勤人员不足或环境限制也可能影响顾客的购物体验。因此，我们可以采取两种策略：一是优化人员配置和提升员工技能，确保每位顾客都能获得周到的服务；二是提供自助服务选项，如详细的购物指引和清晰的商品分类陈列，减少顾客对员工的依赖。

此外，门店环境也需要我们特别关注。气温过高、门店太乱等因素都可能让顾客失去试用的欲望。因此，作为管理者，我们需要在每个季节转换时彻底检查和清洗门店的空调等设备，确保为顾客提供舒适的购物环境。

从试用的顾客转换成购买的顾客

顾客在什么情况下试用了，但是没有购买？可能有 3 种主要原因：顾客没看上商品；顾客觉得价格不合适；顾客在纠结到底买不买。接下来，我对这 3 种情况逐一进行讨论。

（1）顾客没看上商品

只要顾客愿意试用，就说明还有希望。这时，我们就可以深入挖掘顾客的需求，并据此做出精准推荐。通常情况下，顾客试

用的商品越多，成交的机会就越大。

这里有一个小技巧：别再问顾客"要不要试试 A"，而是直接把两款商品 A 和 B 都展示给顾客，并说"这两款商品 A 和 B 都很有特色，A 的特点是……B 的特点是……您更喜欢哪一款，或者想试试哪款呢"。我们让顾客有了更多的选择，他们就像在做多选题，而不是回答简单的"是"或"否"，这样更容易帮助顾客找到心仪的商品。

而且，为了让顾客更投入，我们还可以在顾客试用的过程中为其打造一个真实的场景。例如，在婚纱试穿区，我们可以精心布置一个梦幻的婚礼现场，给顾客配上头纱、高跟鞋和捧花。这样一来，顾客就不仅仅是试穿一件婚纱了，而是仿佛真的置身于自己梦寐以求的婚礼之中。这种身临其境的体验更容易打动顾客的心，从而促成交易。

（2）顾客觉得价格不合适

对于这种情况，门店管理者可以参考以下应对方案。

- 使员工熟悉各类活动，知道怎么帮助顾客搭配购买最划算。
- 提升员工对商品的理解能力和对顾客需求的把握能力，让顾客觉得物有所值。门店可以每天做好商品知识培训和情境演练，以便员工更容易理解顾客的需求和痛点。
- 使员工熟练运用相应话术，让顾客更容易感知商品价值和认为商品值得购买（学习相关话术，可以参考本书附录 1 中的零售话术清单）。

（3）顾客在纠结到底买不买

如果顾客在购物时犹豫，有一个方法非常奏效，那就是设立明确的退换货政策，并在一定时间内提供退差价服务。这样一来，顾客购物时就能放心大胆地选购心仪的商品。虽然门店在短期内可能会有些许损失，但长远来看，这绝对是一笔划算的投资。它不仅能让原本犹豫不决的顾客迅速做出购买决定，还能为门店带来良好的口碑。

别忘了，我们要确保门店员工和各类宣传物料都清晰明了地告知顾客这些退换货政策，引导顾客先买后试，享受无忧购物体验。

百果园的"不好吃三无退货"服务就是一个绝佳的范例：即使没有购物小票、没有实物商品，甚至不需要任何理由，顾客都可以轻松退货。这个服务不仅让百果园赢得了消费者的广泛赞誉，还很好地为品牌做了宣传。

当然，售后承诺并不仅仅局限于退换货政策。品牌和门店还需要深入挖掘自身的核心能力，并紧密围绕顾客的真实需求制定更全面的售后策略。

我们来看一家公司的试衣率和成交率等数据，如表 3-1 所示。这家公司利用 RFID 设备采集顾客的试穿数据，从而量化顾客的试穿行为，非常有代表性。

表 3-1　某年 12 月一家公司 4 家门店的试穿数据和成交数据对比

数据	人均试穿件数	人均试穿件数环比	试衣率	试衣率环比	试衣成交率	试衣成交率环比	成交率	成交率环比
湖南1店	2.4	−17.2%	12.7%	25.2%	37.3%	−24.0%	5.9%	−10.3%
湖南2店	2.9	−10.5%	15.7%	3.0%	35.2%	6.0%	5.5%	9.3%
广东1店	2.7	−7.0%	14.9%	16.7%	39.1%	−21.1%	6.0%	−8.0%
广东2店	2.6	5.7%	19.2%	13.8%	24.0%	−16.3%	4.8%	−4.8%

　　仅从这些门店的成交率看，我们很难识别问题和找出机会点，因为每家门店所处的外部环境和顾客群体都存在差异。然而，通过分析试穿数据，我们可以以顾客购物过程中的试穿环节为突破口，寻求提升业绩的途径。

　　12 月，广东地区的顾客因气候温暖而更倾向于选购秋装，湖南地区的顾客则因气候寒冷而更偏好羽绒服。湖南地区的顾客购买羽绒服时往往直接在试衣间外试穿，导致试穿数据无法完全体现在统计中。然而，我们从现有数据中发现，湖南 2 店的试衣率竟然高于广东 1 店，表明广东 1 店在顾客试穿环节可能存在不足，需要采取措施加以改进。

　　进一步观察，湖南 2 店的人均试穿件数最多，且后续大多数指标均呈现环比增长趋势，从而带动了成交率的提升。相反，湖南 1 店的人均试穿件数最少，且部分指标出现下滑，导致成交率下降。因此，针对这些门店，我们可以将人均试穿件数作为关键指标，为员工设定明确的目标，从而更有效地提升成交率。

3.1.3　从时间维度深挖，成交率不断提升

从时间维度上，我们可以把成交率拆分成星期、时段等时间维度。我们看一个门店的案例，如表 3-2 所示。

表 3-2　某店某月每个时段的销售数据平均情况

时段	销售额 （平均）（元）	销售额 占比（%）	客流量 （人）	连带率 （件）	成交率 （%）
10 点	293	0.53	46	1.9	1.6
11 点	2155	3.91	72	2	6.8
12 点	2268	4.12	81	2.1	6.1
13 点	3173	5.76	179	2	4.2
14 点	4659	8.46	235	1.8	4.9
15 点	5802	10.53	256	1.8	5.6
16 点	6020	10.93	248	2	5.8
17 点	6199	11.25	194	2	7.1
18 点	3938	7.15	137	1.9	6.6
19 点	3673	6.67	210	1.8	4.1
20 点	5882	10.68	348	1.8	4.2
21 点	7471	13.56	261	1.9	6.5
22 点	3394	6.16	8	2.2	85.3
23 点	104	0.19	2	1.7	14.6
24 点	56	0.1	1	1.5	19.9

根据这家店每个时段的销售数据，我们能看出成交率有什么问题呢？

- 13 点、14 点、19 点、20 点这几个时段的连带率和成交率都比较低。
- 21 点这个时段的成交率虽然不低，但也不是一天中最高的。而通常这个时段因为临近闭店，顾客的购买欲望更强，成交率会很高。

到现场确认以后，我发现了以下两个问题。

- 这家门店的早班员工一般在 13 点开始午休、19 点下班，此时门店现场往往会出现因为员工交接或员工不足导致的各种问题，从而影响了连带率和成交率。
- 21 点通常是成交率非常高的时候（因为闭店前顾客的购物欲很强），但是这家店在此时成交率并不高，原因是门店员工都在忙着收拾门店，想早点下班，忽视了接待顾客。

我在把成交率拆到时段以后，才能在现场挖掘出产生这些问题的真实原因，解决方案也自动浮现了。针对吃饭、换班时段成交率下滑的问题，我们可以考虑增加这个时段的出勤人员，或者巧妙地错开员工的休息时间，让服务更加周到，从而吸引更多顾客。而到了晚间，提升成交率就更加简单，我们只需要和门店员工沟通，明确闭店时间，或者稍微推迟晚班人员的下班时间，让顾客有更多的选择和停留时间。

其实，无论是哪种类型的门店还是公司，只要我们善于用时间这把"放大镜"去拆解问题，总能找到提升成交率的"金钥匙"。

时段成交问题检查小技巧

- 周一成交率较低，可能是由于周末后员工没有从疲惫的状态恢复过来，以及高峰期后卖场没有调整到最佳状态所致。此外，管理层在周会或业务工作中对卖场管理的忽视也可能是原因之一。
- 周末成交率下降，可能是由于客流量激增导致卖场恢复慢和货品补充不及时。
- 周五晚上成交率较低，可能是因为晚间客流量突然增加，但门店仍按照平日的人员配置进行运营，导致门店维护和服务未能及时跟上。
- 早间成交率较低，可能与员工在开店时忙于业务准备，未能及时响应顾客需求有关。
- 早晚班人员交接的时段成交率较低，可能是员工在换班时还未完全进入工作状态，或者交接时目标责任不明确所致。
- 晚上闭店前的成交率异常，可能是因为员工在准备闭店时忽视了顾客需求，或者部分销售区域的关闭影响了顾客的购物体验。

总之，提升成交率的关键在于对销售过程进行细致的分析和拆解。从购物流程和时间维度两个方面入手，我们可以发现潜在的问题并制定相应的解决方案，从而优化销售流程并提升成交率。

成交率提升小技巧

- 管理人员需要细致检查每日及各时段的成交率，深入剖析异常数据，从而发现潜在的机会点。
- 通过分析顾客在店内的购物流程，管理人员可以逆向思考为何顾客流失于某个环节。例如，顾客试穿后未成交的原因需要我们深入探索。
- 员工在顾客选购的关键时刻应主动"推"一把，引导顾客进入下一环节。例如，当顾客触摸商品时，员工应主动介绍商品的特点，引导其试用。
- 值班负责人设置每天的"高峰期提醒"，提醒自己在繁忙时段跳出日常业务，观察全场，及时发现问题并采取措施。
- 管理人员要建立完善的门店补货机制，确保商品库存充足，避免因缺货或断码导致顾客流失。
- 如果门店的排队现象严重，管理人员应立即采取措施缓解顾客的排队焦虑，如优化服务流程、增设服务窗口等，甚至考虑取消某些非必要环节，以减少顾客的等待时间。
- 管理人员需要清晰明确地传达售后服务，确保员工充分了解并宣传给顾客，让顾客在购买过程中无后顾之忧。

3.2 能力、意愿和环境三管齐下，让顾客越买越多

连带率是衡量平均每位顾客购买商品数量的指标。

假如一个品牌在全国拥有 100 家门店，年销售额高达 1 亿元。如果该品牌在全国范围内的连带率能从 2 提升到 2.1，其他条件保持不变，那么这个变化的影响会有多大呢？

连带率从 2 到 2.1，只是上升了微不足道的 0.1，看起来影响不大。但这意味着每 20 位顾客中就有 1 位顾客多买了 1 件商品，即 5% 的销量提升。如果一个连锁品牌的全年销售额为 1 亿元，5% 的连带率提升就意味着 500 万元的额外收入。别看连带率的变化小，做到并不难，但它带来的业绩提升可不容小觑。

在零售门店管理中，连带率无疑是提升业绩的"金钥匙"。但很多店长可能觉得，提升连带率的关键就是做好推荐，或者做些折扣活动吸引顾客多买。这些方法确实可行，但往往缺乏系统性和针对性，难以真正落地。

在我服务过的企业中，有一位店长非常厉害。她接手了一家客流量稀少的门店，接手前门店的连带率只有 1.4（平均每位顾客购买 1.4 件商品）。但在这位店长的管理下，门店的连带率很快提升到了 2.1。将这 0.7 的连带率差距换算成业绩，就是平均每位顾客多购买了 50% 的商品，门店业绩也因此提升了 50%。

更厉害的是在商场客流量持续减少的情况下，这家门店的客流量竟然逆势增长。这是怎么做到的呢？原来，这位店长就是以连带率为抓手，每天带领团队为实现目标而努力。她要求员工将

连带率的最低目标设为2。员工之间默契配合，他们往往能精准把握顾客心理。同时，他们的商品搭配和场景描绘能力也非常强，他们常常能敏锐挖掘顾客的潜在需求，甚至创造需求来满足顾客。因此，这家门店的顾客往往愿意多买，离开门店后也愿意回购，甚至将门店介绍给朋友。就这样，这家门店的客流量和成交率都实现了逆势上涨，业绩提升自然也就不愁了。

看完这个案例，你是不是也心动了呢？但别急，提升连带率并不是靠几个点子就能搞定的。实际上，提升连带率有一套系统的解决方案。我们可以从意愿、能力和环境3个维度来拆解连带率的提升方案，如图3-2所示。

图3-2　连带率提升维度

3.2.1　激发员工意愿，引导顾客越买越多

并非所有店长和员工都对提升连带率怀有强烈的热情。许多

零售行业的从业者习惯于循规蹈矩地工作，对达到业绩目标的使命感稍显欠缺。我总能在不同的门店看到一些员工在闲聊，或者紧跟在顾客身后，却很少与顾客有交流。

以我家楼下的两家面馆为例。两家面馆的面味道相近，客流量相仿，但 A 店的营业额始终比 B 店高出 25%，其中的奥秘就在于连带率的差异。A 店的收银员总是能巧妙地与顾客交流，例如，"今天我们的牛肉很新鲜，要不要尝一尝？""刚出炉的牛肉饼，来一份吧？"而 B 店的收银员虽然服务周到，但缺少这种"临门一脚"的推荐，业绩自然就难以有大的提升。A、B 两店的收银员真的只是存在能力上的差异吗？其实就差了那么一两句简单的推荐语，这背后正是员工意愿的差距。

再回到前文提到的那家连带销售出色的门店，其成功的核心就是所有员工都怀有极强的连带销售意愿。当这种意愿强烈时，大家自然会绞尽脑汁，想出各种方法提升连带率。这种意愿源于两方面的力量：一是外界的压力，二是内部的动力，即发自内心的对成功的渴望，如图 3-3 所示。只有这两方面结合，才能激发员工最强的连带销售意愿，从而带动业绩持续增长。

图 3-3 员工意愿提升

连带销售的压力

概括地说，员工在日常工作中所面临的压力主要是绩效压力、社交压力及上级压力。

绩效压力源自员工对于提升绩效奖金或工资的渴望。在传统销售型门店中，这种压力尤为显著。然而，值得注意的是压力并非总与结果成正比。当压力过大时，导购可能会给顾客施加不必要的购买压力，反而导致顾客流失。因此，在设定绩效目标时，管理人员需确保合理性。

社交压力源自人们对于满足社交需求的追求。在团队中，每个人都渴望被接纳和融入。当团队有明确的目标时，员工可能因为渴望被团队认可而更有动力行动。如今，越来越多的零售门店开始注重团队目标的达成，而非过分强调个人业绩。这不仅可以减少员工间的恶性竞争，还能促进团队间的协同合作。

在设定社交压力时，我们需要注意以下几点。

- 将门店划分为小团队，分别追踪各自连带率目标的达成情况。这样可以避免"吃大锅饭"的现象，更容易让管理人员准确地衡量个体的贡献。
- 在使用团队目标替代个人目标时，需考虑门店和品牌的特性。例如，对于依赖员工推销的品牌，单纯地强调团队绩效可能削弱销售能力强的员工的动力，从而影响整体业绩。

最后，上级压力也是员工面临的重要压力。有时，即使上级制定了详尽的奖惩措施和提升方法，但效果仍不理想。这可能与上级对连带率追踪的紧密度有关。当上级能够密切关注并追问为何连带率低、业绩差时，员工就会自发地寻找和实施方案，从而取得更好的业绩。但同时，上级在施加压力时也需要把握好度，避免给员工带来过大的压力或消极情绪。

总之，合理设置和管理这些压力，将有助于增强员工的动力，进而推动业绩增长。

连带销售的动力

连带销售的动力可以细分为物质动力和精神动力两大类。

（1）物质动力

在零售行业里，我们常常能看到各种激励员工的物质动力，如大单奖励、完成目标奖励等。这些奖励在短时间内确实能点燃员工的激情，但时间一长，效果可能就不那么明显了。更糟糕的是一旦取消这些奖励，员工的积极性可能会立刻受到影响。

其实，我们可以在做物质激励的同时设计一些有趣的小游戏，让员工在轻松愉快的氛围中工作。例如，开展大单积分游戏，大家每完成一个大单就能获得积分，积分最高的员工还有机会参与抽奖或兑换心仪的礼品。

为了让游戏更有意思，我们还可以提前设置一个"心愿清单"，让员工写下自己想要的礼品，在实现目标时满足他们的心愿。这样，他们不仅能为了获得积分而努力，还能为了实现自己的心愿而加油，工作就变得不再那么枯燥，而是充满了乐趣和期待。

（2）精神动力

小 A 刚开始工作时，销售很不给力，甚至有点怕跟顾客打交道。哪怕被扣钱，她也不肯改变。那时候，大家都觉得她快被门店淘汰了。但神奇的是有一天小 A 跟一个小朋友聊得特别开心，小朋友的妈妈看在眼里，就放心地挑了一大堆东西。最后，面对两个商品，小朋友的妈妈有点纠结买哪个，小 A 就随口说了句："这两个都挺好的，要不都拿了吧。"没想到，小朋友的妈妈立刻都买了，她还说："我看你跟我家小孩聊得挺好的，也不强硬推销，我信你！"第二天，店长在会上跟大家分享了这件事，还请小 A 谈谈感想。大家第一次看到她那么自信，她说："原来卖东西不用必须说个不停，真心帮顾客，生意也好做。"

从那以后，小 A 就像变了个人，越来越爱跟顾客聊天，虽然还是不会强硬推销，但业绩却越来越好。两年后，她还开了课程，教大家怎么跟顾客搞好关系。

小 A 的转变告诉我们，精神动力对于员工来说同样重要。在制定提升连带销售的方案时，店长应该注重表扬和激励那些表现优秀的团队和个人，让他们有机会分享自己的经验和心得，激励其他员工向他们学习。这样的做法不仅能够提升团队的凝聚力，还能让员工在相互学习和借鉴中不断进步。

3.2.2　提升员工能力，帮助顾客选对货

连带销售能力可以分为个人能力和团队能力。

抓住个人连带能力提升的关键

提升连带销售能力，首先需要聚焦于每个员工的能力提升。个人能力中，对商品知识的掌握是基础，而针对不同顾客需求的洞察力、沟通能力则是关键。员工只有具备了这些能力，才能迅速识别并满足顾客的多元化需求，从而提升连带率。

对于商品知识和话术的培训，你可以参考 6.2 节和附录 1。同时，为了快速提高员工的连带销售能力，你可以借鉴以下两种技巧。

（1）让顾客做商品选择题，而不是是非题

有两家面馆，客流量差不多，卖的东西也差不多，但 A 面馆的生意就是比 B 面馆好。为什么呢？原来是因为 B 面馆的员工在卖面时总是问顾客要不要加一个鸡蛋，而 A 面馆的员工问顾客的是要加一个鸡蛋还是两个鸡蛋。员工在服务顾客时也可以减少问要不要这类问答题，而是让顾客做不同商品的选择题。例如，"A、B、C 这 3 款，您最喜欢哪一款，还是一起试？"

（2）给顾客推荐解决方案，而不是单一的商品

例如，美妆店给顾客推荐商品时要理解顾客需求的本质往往不是某支口红或某瓶香水，而是"理想的自己"。员工给顾客试用口红时，可以同时帮助她把全脸的妆容都画好。这时顾客看到理想的自己，购买行为自然就发生了，而购买多件商品的概率也会大大增加。

更多推荐话术，请参考本书附录 1 中的零售话术清单。

团队协作，销售氛围自然好

连带率提升不能只靠个人，团队协作也非常重要。

有一家连带率非常高的门店，门店面积超过 1000 平方米，营业时几个员工分布在两层楼的各个角落，通过对讲机随时分享卖场的情况。例如，有几位顾客进店了，门口的员工向顾客打了招呼就会马上在对讲机里说："进来了 3 位美女，提着 ×× 购物袋，应该对 ×× 感兴趣，B 区同事重点推荐一下。"B 区同事收到对讲信息后马上跟进服务，同时又向其他伙伴分享情况："有个女生觉得我推荐的这款 ×× 太小众，怎么办？"第三个同事立马说："她可能觉得这个颜色跳跃性太强，你拿基本款给她看看。"当团队中的每个人都能默契配合、随时沟通时，顾客往往会感到满意，连带率自然也就提升了。

提升团队连带销售能力有两个重点。

（1）值班经理的控场能力

值班经理的状态和能力在很大程度上决定了当前班次的销售业绩。如果值班经理经常坐在办公室看业绩，或者只顾自己接待顾客，就很难对现场其他员工起到带动和凝聚的作用。但是，如果他能像将军指挥打仗一样，团结所有员工，让大家各司其职又密切配合，当天的氛围和结果自然也会变好。有关值班经理的更详细内容，请阅读 8.2 节。

（2）日常的团队协作训练

要使团队能在门店配合好，我们除了要指挥好，还需要对团队进行日常训练。通过分组开展业务比赛、对讲机沟通训练等方式，我们可以提升员工的协作配合能力，确保员工在高峰期能够迅速响应顾客需求，提升销售效率。

总之，提升连带销售能力需要同时关注个人能力和团队能力两个方面。通过加强商品知识培训、提升沟通能力、培养团队协作精神等方式，我们可以全面提升员工的连带销售能力。

3.2.3　打造静态销售环境，顾客自然买更多

一家出色的门店应当具备一种魔力：员工无须多言，顾客就能在此流连忘返，满载而归。这种魔力，其实就源于门店的静态销售能力。

顾名思义，静态销售能力就是那些不知不觉便能吸引顾客、促进销售的手段。它主要由两个方面构成：促销与陈列。

（1）促销配置得当，顾客自动买更多

促销能力是指门店通过各式各样的活动，巧妙地刺激顾客的购买欲望。常见的促销活动如表 3-3 所示。

表 3-3　常见促销活动

常见活动类型	解释	例子
满额减	消费满一定金额即可减掉部分金额	全场满 100 元减 20 元

（续表）

常见活动类型	解释	例子
多件折扣	消费满一定件数即可以享受一定折扣	全场满 3 件打 9 折；A 商品 1 件 9 元，买第二件只要 1 元；B 商品 1 件 99 元，第二件即可享半价
满额赠礼	消费满一定金额即可以获得某种礼物或特殊待遇	全场满 299 元赠大礼包
积分有礼	消费可按照规则获得积分，积分到一定程度可以兑换对应等级的礼品或享受该等级的待遇	消费 1 元积 1 分，满 200 分可获赠 × ×
多件组合价	购买按一定规则组合的商品可享受优惠价	1 件 99 元，2 件 169 元

其中，满额减和多件折扣往往能迅速点燃顾客的购买热情，提升他们的连带购买意愿。但这类活动也像双刃剑，虽然效果显著，却容易让顾客觉得原价购买有些吃亏，甚至对门店形象造成一定影响。

积分有礼这类活动的效果则相对温和，但许多顾客对获得积分并不感兴趣，因为通常需要多次复购才能积累到足够的积分来享受优惠。

多件组合价更像为那些适合多件购买的商品量身定制的，如袜子、酸奶等。长期设置这样的活动，既能满足顾客的需求，又能提升销量。

对于门店来说，虽然通过促销活动刺激顾客进行多件购买能带来直观的效果，但也要警惕其潜在的负面影响，如毛利和利润的下滑、对品牌和产品形象的损害等。因此，在策划促销活动时，管理者一定要慎重考虑，权衡利弊。

此外，促销活动的效果往往离不开人、货、场等多方面的协同配合。例如，热闹的卖场氛围、精选的活动商品和充足的库存、员工对活动的热情推荐等，都是成功促销不可或缺的因素。

（2）让陈列会"说话"

连带率的提升不仅要靠店员的热情推荐，还要靠合理的陈列。商品摆在门店，配合各种陈列道具和氛围，自然就能吸引顾客停下脚步并购买。

例如，你去超市买炸鸡，看到旁边摆有啤酒或汽水的展柜，是不是觉得炸鸡必须搭配啤酒或汽水才完美？你去逛美妆店，海报上的模特妆容精致，旁边还列出了她用的口红色号、腮红色号和粉底品牌。本来你只想买口红，但是看到整体效果这么好，你会不会也想试试全套产品？

优衣库一直都很强调"自助式购物"。那么，它的门店陈列是怎样引导顾客自助购物，还让顾客在不知不觉间多买几件的呢？优衣库常用的静态销售方法有以下 3 种。

- 模特：优衣库入口和门店里都有很多模特，员工会为模特搭配多件商品，如外套＋背心＋裤子＋帽子。模特穿着的商品一定陈列在模特附近，这样顾客被模特吸引后马上就能自己找到整套商品。

- 宣传画：门店里的宣传画非常多，有模特穿着商品的画面，也有商品知识介绍。一般主推商品都会配上模特穿着该商品的宣传画，顾客通过这些宣传画就能知道这款商品可以搭配其他什么商品，很可能顺手买一件。
- 盒式陈列：优衣库有一种陈列方式叫"盒式陈列"，它指的是一个区域即一个盒子。例如，一个展桌加两个中央货架形成一个盒子，3 组墙身货架加一个中央货架形成一个盒子。每个盒子里既有上装，也有下装，还尽量有内外搭配的商品。这样顾客在每个盒子里都能实现全套搭配，方便多件购买。

除了优衣库的陈列方式，其实还有很多创意十足的陈列技巧能提升顾客的连带购买意愿。例如，在婚纱店里，那些飘逸的婚纱、精致的头纱和闪亮的高跟鞋被精心陈列在一起，仿佛构建了一个梦幻的婚礼现场。顾客看到这样的陈列，自然会想要一次试穿全套搭配的商品。

文具店在开学季也会别出心裁，设计一个充满青春活力的开学主题活动场景。各种学习用品、文具被巧妙地通过道具组合在一起，让学生仿佛置身于一个充满乐趣的学习环境，他们自然而然地就会多件购买。

收银台也是提升连带购买件数的关键区域。在便利店、超市或餐饮店，我们常常能看到收银台附近摆放着口香糖、小包装纸巾、饮料或小点心等小商品。顾客在结账时往往会被这些小商品吸引，随手多买几件。

说了这么多，其实每个门店都可以根据自己的特点和需求，结合不同的能力和意愿组合，以及打造静态销售环境，形成独特的连带率提升方案。零售管理人员则要带头落实这些方案，只有日复一日地追踪、执行和复盘调整，才能真正让这些方案发挥最大的作用，帮助门店实现销售增长。

连带率提升检查小技巧

- 是否每天追踪连带率指标？达到或没有达到指标要求时，有没有相应的奖惩措施？
- 员工是否会主动服务顾客，并且能通过话术引导顾客多件购买？注意，这里不仅要检查员工有没有采取相应的行动，还要确认结果如何，以及提升点在哪里。
- 团队是否会一起想办法提升连带率，以及是否有定期复盘和改善提升？
- 卖场里各类商品在摆放上是否有联动，以及能否吸引顾客连带购买旁边的商品？

3.3 设置好商品组合，业绩轻松翻倍

件单价是指一家门店顾客购买的商品的平均单价。某品牌 4 家门店的销售数据对比如表 3-4 所示。

表 3-4　某品牌 4 家门店的销售数据对比

门店	营业额（元）	客流量（人）	成交率（%）	连带率（件）	件单价（元）	客单价（元）
A 店	97656	15000	7.9	1.23	67	82
B 店	85680	14000	6.8	1.25	72	90
C 店	118886	16000	7.2	1.29	80	103
D 店	115395	14500	8.1	1.31	75	98

如果你是 A 店的店长，你会怎样提升业绩呢？

几年前，我为这个销售小礼品的品牌提供过咨询服务。A 店的店长向我倾诉了他的烦恼，即他一直在苦思冥想如何提高连带率，但迟迟不见成效。

从表 3-4 中，我们可以清晰地看到，A 店的客流量高达15000 人，并不算低；成交率也达到了 7.9%，在区域内排名第二，表现不俗。然而，连带率仅为 1.23，件单价更是低至 67 元，这两项指标均位列区域最低。面对这样的数据，我好奇地问店长为何只关注连带率而忽视件单价的提升？

店长无奈地告诉我，A 店作为社区型门店，顾客对价格极为敏感，更倾向于购买低价商品，因此员工很难提高件单价。他认为，推荐小商品可以提高连带率，但这样的策略并不能解决根本问题。我告诉店长，他的思路有待调整。即使我们努力将连带率提升至 1.31，如果件单价仍然维持在 67 元，客单价也仅为 87.8元，依然无法使 A 店的营业额在 4 家门店中脱颖而出。要想真正提升营业额，我们需要全面考虑每一个影响因素，而件单价在这家门店扮演着至关重要的角色。

那么，件单价为何会如此低呢？店长认为这是因为顾客对价格过于敏感。然而，事实真是如此吗？经过深入分析，我们发现并没有明确的数据能够证明这家店的件单价低与顾客对价格敏感有直接的正相关关系。于是，我们继续探索其他可能的原因。

实际上，影响件单价的因素众多，除了商圈和顾客等外部因素，还有门店内部的诸多因素在发挥作用。例如，售卖商品的结构、折扣率、陈列方式及销售重点等都会对件单价产生重要影响。因此，我们需要从多个角度出发，全面分析并找出问题的根源，才能制定有效的解决方案。

我们继续往下看该品牌 4 家门店销售商品所处的价格段，如表 3-5 所示。

表 3-5　某品牌 4 家门店价格段销售占比对比

门店	0~30 元	30~60 元	60~100 元	100~150 元	150 元以上	件单价（元）
A 店	10.6%	25.5%	43.4%	18.0%	2.5%	67
B 店	8.5%	23.2%	39.0%	24.3%	5.0%	72
C 店	7.8%	19.0%	41.9%	26.0%	5.3%	80
D 店	7.6%	20.3%	41.5%	26.3%	4.3%	75

A 店的销售数据揭示了一个明显的趋势：其销售的商品在低价格段（0~30 元和 30~60 元）的占比显著高于其他门店，而在高价格段的占比则相对较低。这种销售商品所处价格段占比的差异，正是导致 A 店件单价偏低的关键。

面对这个趋势，A店店长不禁感叹："看来我们的顾客确实都喜欢买低价商品。"

然而，我提醒他，顾客选择低价商品的背后可能隐藏着更深层次的原因。于是，在确认库存没有差错的情况下，我们深入门店实地考察，终于找到了问题的根源。原来，其他门店的主要陈列位置都摆放着高价格段的礼盒类商品，并辅以精美的宣传画，营造出一种高端、精致的购物氛围。而A店为了更容易达成交易，主要陈列的都是低价格段的小礼品。这样的陈列方式自然会让顾客更倾向于购买低价商品。

找到问题的根源后，我们迅速调整门店的陈列策略，在部分优势区域换上了高价格段的商品。令人欣喜的是在成交率和连带率几乎保持不变的情况下，件单价竟然提升了10%，也就是门店业绩提升了10%。

这个案例充分说明，件单价的高低不仅受到客户群体特性的影响，还受到陈列方式、活动设计、商品库存及员工偏好等多种因素的共同影响。因此，在提升件单价的过程中，我们不能盲目行动，而是要深入分析数据，找出问题的根源，并针对性地制定解决方案。只有这样，我们才能确保营业额的稳步增长。

件单价检查小技巧

- 检查门店的商品品类销售占比，对比其他同类型门店是否存在差异；看这些差异会不会影响件单价，然后到现场找出为什么会有这些差异。

• 检查和对比门店的销售折扣率。销售折扣率过低也会影响门店的件单价。

到这里，我们对第一个公式（营业额 = 客单价 × 客单数）的拆解就结束了。我们分析了成交率、连带率和件单价，其中每个因子的改善都会带动营业额的提升，而每个因子的改善都有一套方法论。各位新零售人既要做到在现场挖掘细节，又要用理性数据思维"找茬"，才能真正找到关键问题并解决问题。你可能会有疑问，是不是少了一个因子？客流量没讲呀！是的，客流量的拆解放在下一章展开。

第 4 章

详解客流量倍增的秘密

有一家位于步行街上的某运动品牌专卖店。为了提升客流量和品牌影响力，这家专卖店在步行街投放了巨幅品牌宣传画。而且，这家专卖店由于处在步行街上非常显眼的地方，店门正面的品牌标志也非常亮眼，整体装修精致，一度成为"网红"打卡地。

但是，因为客流量太大，店里经常很拥挤，员工也非常忙，常常无法及时响应顾客的需求。也因为客流量很大，门店经常缺货，陈列好的商品也常常被顾客翻得很乱，顾客反映总是找不到自己想要的商品。

门店的收银台前经常排起长队，员工总希望顾客能快点结账后离开，于是也不会邀请顾客注册会员或加入私域社群。

在这个案例里，你能找到哪些问题？

营业额 = 老顾客营业额 + 新顾客营业额

你会不会经常烦恼，在门店兢兢业业，想尽办法提升连带率、成交率和件单价，但是依然无法从根本上提升业绩，毕竟门店的客流量有限。你会不会觉得门店的核心工作就是管好连带率和成交率，至于客流量有多大，只能听天由命？

其实并不是，客流量不是等出来的，而是需要我们"养"出来的。

4.1 拆解客流量，创造指数增长奇迹

假设有一家门店，在一年里吸引了 100 位顾客付费。如果这 100 位顾客都决定第二年再来（年复购率高达 100%），并且他们每个人的消费金额都不变，那么在没有新顾客加入的情况下，这家门店第二年的业绩会如何呢？

答案揭晓：第二年的业绩将与前一年持平。

下面，我将条件稍微变一变。

如果第二年，这 100 位回头客不仅自己来了，还各自带了一位朋友来消费，而且每位新顾客的消费金额与老顾客相同，那么门店将迎来多少位顾客呢？没错，就是 200 位！在其他条件都不变的情况下，第二年的业绩将如何？

答案揭晓：第二年的业绩竟然比前一年翻了一番！

现在，让我们把时间快进到第 5 年。如果这种翻倍的增长模

式能够持续下去，那么第 5 年的业绩将会是多少呢？

答案揭晓：是第一年的 16 倍！

你是不是已经惊掉了下巴？

短短 5 年时间，只要每一位老顾客每年都能带来一位新顾客，在不考虑其他任何因素的情况下，这家门店的业绩竟然能够飙升到原来的 16 倍！一家门店如果能实现这样的业绩增长，那无疑将是令人瞩目的商业传奇！

再回头看这背后的秘密，其实就是老顾客的持续复购和新顾客的裂变效应，这两个关键因素正是客流量指数增长的奥秘所在，如图 4-1 所示。

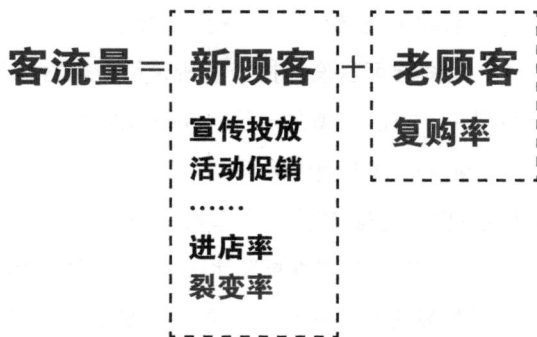

图 4-1　客流量拆解公式

4.2　实现裂变，让新顾客"长"出来

说到吸引新顾客，很多人首先想到的是铺天盖地地投放广

告。但是，现在的宣传渠道太多了，这么做不仅成本高，而且效果不一定好。其实，有一个更简单、更省钱的方法，那就是靠朋友的推荐和口口相传实现新顾客的裂变。

如果你去一家餐厅，觉得饭菜特别好吃，是不是会忍不住向朋友分享？然后，朋友听了也会心动，想去品尝。这样一传十、十传百，新顾客就会源源不断。以这种方式带来的顾客不仅成本低，而且特别精准。因为他们都是基于信任和兴趣来的，更容易产生消费。

与其花大价钱吸引新顾客，不如好好利用老顾客的力量。只要裂变机制构建得好，新顾客就会越来越多。具体怎么做呢？

- 鼓励到店老顾客宣传他们的消费体验或购买的商品。例如，服装店、美发店可以设计打卡场景，引导顾客拍下自己焕然一新的照片，秀出变美的自己；引导顾客发布开箱视频，唤起顾客炫耀或强调自我的意识。
- 挖掘潜力顾客，使其成为"种草官"。例如，邀请会员顾客或有影响力的顾客参与"种草"比赛、晒单赢免单活动等。
- 建立老顾客裂变奖励机制。例如，老顾客成功带来新顾客，门店可返还老顾客 ×× 元或赠礼。
- 如果有私域社群且商品的社交属性比较强，门店就可以通过在社群开展团购、拼单、砍价等活动引导顾客邀请好友来参加，从而实现新顾客的裂变。

4.3　提升进店率，让新顾客被吸引进来

在追逐业绩增长的道路上，除了依赖老顾客的力量，我们同样不能忽视门店外潜在的客流。其中，进店率就是进店客流量与店外路过客流量的比值，它如同一面镜子反映出门店对过往顾客的吸引力。

我曾为一家步行街上的门店提供过服务。那条步行街狭窄而热闹，宽度仅约 10 米。然而，对面门店的进店客流量是这家门店的 1.5 倍。换句话说，对面门店的进店率是这家门店的 1.5 倍，业绩也因此遥遥领先。

面对同样的顾客，为何对面门店能获得更多的进店客流量呢？经过深入研究，我发现了以下 3 个关键问题。

- 橱窗设计差异显著。对面门店采用白底加彩色商品的橱窗布局，形成强烈的视觉对比，顾客看一眼就能被吸引；而这家门店则是深色底加深色商品，显得较为沉闷。
- 这家门店的内部光线和门口设计不佳。由于店内光线昏暗，店门开口又小，许多顾客在走过时并未察觉到这家门店的存在。
- 广告牌摆放位置不当。虽然这家门店在门口放置了广告牌，但由于与顾客行走路线平行，几乎没有人会驻足观看。而对面门店的红色宣传画设计精美且促销活动吸引人，自然能吸引更多顾客进店。

因此，我建议该门店尽快做出以下 3 个方面的调整。

- 提升门店和橱窗的亮度。例如，通过调整灯光让门店更加明亮，从而吸引过往顾客的注意力。
- 改变店门的开启方向。将朝内开的门改为朝外开，这样不仅能提醒顾客这里有家门店，还能展现出门店欢迎顾客进店选购的姿态。
- 调整广告牌的摆放位置。将一块广告牌变为两块 45 度角摆放的广告牌，分别朝向两边行走的顾客，确保广告内容能被更多顾客看到。

经过这样的调整，顾客路过门店时自然更容易被吸引进店。当时，这家门店的进店率迅速提升了 20%，也就是门店的进店客流量提升了 20%。

提升进店率的小技巧

- 利用五感（视觉、听觉、嗅觉、触觉、味觉）刺激顾客进店是非常好的方式。例如，潮汕牛肉火锅店会在店门口鲜切牛肉，不仅给顾客带来了视觉享受，更传递了"新鲜"这个核心价值；蛋糕房通过蛋糕诱人的香气，以嗅觉刺激顾客。这种通过五感刺激顾客进店的方式，能够极大地提升顾客的进店率和购买意愿。
- 店外设计同样至关重要。橱窗、招牌、海报和宣传物等都要精心设计，确保能够迅速吸引顾客的注意力。此外，利用礼品和促销品堆头也是一种非常有效地吸引顾客进店的方式。这些堆头不仅具有视觉冲击力，还能让顾客感受到门店的优惠和热情。

- 引导更多附近的顾客进店，这需要我们采取一系列措施。例如，在门店附近设置位置指示牌和活动信息宣传画，让顾客更容易找到门店。同时，安排员工在附近派发传单、引导顾客进店，也是一种非常实用的方法。此外，与物业合作，利用物业的渠道推广也是一种很好的选择，这样能够进一步扩大门店的知名度和影响力。

- 充分挖掘附近的潜在消费人群，并与他们建立紧密的连接，是提升门店客流量和业绩的关键。异业联盟是一种非常有效的方式。例如，奶茶店和蛋糕店可以合作推出联名优惠活动，吸引更多顾客前来消费。此外，到附近社区、学校等符合目标客户范围的地方进行地推、联名宣传、赞助和组织活动也是很好的选择，能够进一步提升门店的知名度和美誉度。

- 线上宣传渠道同样不能忽视。小红书、大众点评、支付宝口碑、抖音等渠道都能够帮助我们引流。在利用这些渠道时，我们需要密切关注竞争对手的动态，学习他们的成功经验，并结合自身特点进行创新和优化。

- 增加外送服务也是提升门店客流量的一种有效方式。通过提供到家服务，我们可以将那些因为时间、距离等原因无法到店的顾客变成我们的隐形客流量。现在越来越多的美妆店、杂货店都在外卖平台开通了送货服务，这不仅提升了门店的知名度和影响力，还增加了顾客的购买渠道和便利性。

4.4 提升复购率，让老顾客一来再来

在门店运营中，新顾客的吸引固然重要，但老顾客的维护同样不容忽视。老顾客的忠诚度与复购率是门店业绩稳定增长的基石。一旦建立老顾客复购的正循环，门店业绩自然而然能得到提升。

然而，许多新零售人对于引导老顾客复购的耐心和投入往往不足。毕竟，复购的周期相对较长，其效果不如一次性多销售几件商品来得直接和明显。但正如 4.1 节的案例揭示的，老顾客不断复购的累积效应是巨大的，值得我们长期投入和耐心引导。

引导老顾客复购有以下 3 个关键点，如图 4-2 所示。

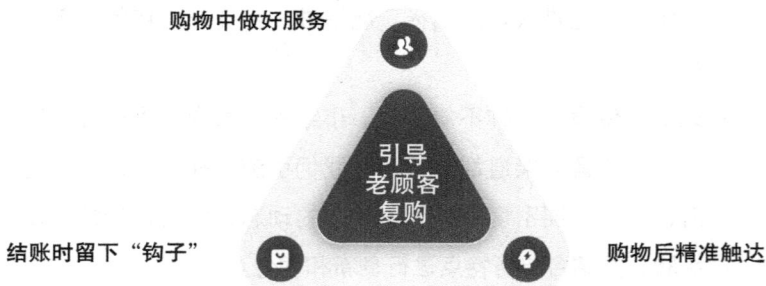

图 4-2 引导老顾客复购的关键点

当顾客走进门店，员工需要敏锐地探寻并深入挖掘顾客的内心需求。顾客只有在消费过程中感到满意和愉悦，才会在未来的日子里再次光顾。

结账时，员工可以巧妙地抛出"复购诱惑"，如复购券、保养券或储值卡等，这些可以引导顾客在未来再次踏入门店。

购物之后，我们可以利用会员渠道、短信或私信等方式，迅速且准确地触达每一位顾客，确保他们能在关键时刻想起门店或产生对门店商品的需要。

4.5　用对私域，让顾客复购和裂变

在零售业的竞争中，提升复购率和裂变率无疑是每个门店追求的目标。要实现这个目标，会员运营和私域运营的重要性不言而喻。

会员管理系统作为现代零售的基石，其功能丰富，包括会员等级体系管理、积分管理和营销活动管理等。然而，单纯的会员运营虽能使顾客复购具有一定的稳定性，但要实现对顾客的精准触达，私域运营则是不可或缺的。

私域运营以其独特的优势，实现了门店运营在空间和时间上的双重扩展。从空间层面看，私域运营打破了线下购物的局限，顾客可以随时随地通过线上渠道选购商品，不再受地理位置和仓储空间的限制。从时间层面看，私域运营实现了门店营业时间的延伸，顾客在非营业时间也能通过私域渠道与门店保持联系，实现购物。

然而，私域运营并非一蹴而就，市面上的很多培训教程都停

留在靠低价引流上，缺乏深入理解和实际操作经验。私域运营并非简单地通过"秒杀"、团购等活动提升社群活跃度，这样的做法往往只能吸引一些短期利益驱动的顾客，对业绩的提升并没有持续的正向作用。

当我们转向不强调活动，而是关注私域运营的本质时，首先要思考吸引顾客的关键是什么。

最近，我被同事推荐加入了一个鲜花群。这个群里每天都会发各种鲜花的介绍，而我也会忍不住经常点开鲜花群，看看又有什么新花上架了。最终，我一个月下单了 12 次。

同事还跟我分享过她加入的一个美妆博主创建的群，这个博主每天都在群里和大家分享她的生活，也经常介绍她觉得很好用的物品。群里的人觉得这个博主非常有亲和力，像自己的朋友，所以大家的购买意愿极高。

在这两个案例里，卖家虽然没有开展任何显性的促销活动，但业绩都不错。这背后的核心原因是什么呢？

答案是"信任"与"需求的满足"。私域运营的精髓正是建立与顾客之间的信任关系，并持续满足他们的需求。这与线下门店运营的核心理念不谋而合，但线下门店在私域运营中往往会遭遇诸多挑战。

那么，私域运营中的难点是什么呢？我们可以从 3 个维度探讨：允不允许、想不想、会不会。在私域运营中，真正的难点往往不在于"允不允许""会不会"，而在于"想不想"。

成功的私域运营并不需要频繁开展活动或采用花哨的手法，

而是能够长期稳定地与顾客保持联系，真正关心他们的需求。门店应将私域视为与顾客沟通的桥梁，而不是仅仅将其作为业绩转化的工具。员工应具备强烈的意愿，将私域运用得恰到好处，认真对待每一位顾客，与之保持持续且稳定的联系。

然而，在我接触的一些所谓私域运营做得很好的门店中，我发现员工主动引导顾客加入私域的积极性并不高。即使顾客主动加入，很多门店也未能充分利用这个渠道，与顾客保持友好的互动。这背后的原因可能多种多样，但其中两个关键因素不容忽视：一是利益机制不够完善，二是私域运营的习惯尚未养成。

首先，利益机制的不完善导致门店员工对于私域运营的投入意愿不强。当员工的拉新动作和后续维护工作不能直接转化为门店业绩，而是被计入电商渠道业绩或仅作为个人提成时，他们很难感受到与自身工作直接相关的价值。特别是当未来顾客习惯选择线上消费时，门店员工可能会感到自己的努力被削弱，进而降低开展私域运营的积极性。

其次，要改变员工的工作习惯并不容易。仅仅通过口头强调或制定政策是不够的，除了需要确保利益，门店还需要建立一套完善的私域运营管理体系，通过明确的目标设定、话术和素材提供，以及持续的检查和反馈，推动员工习惯的转变。

我曾经负责过一个私域团队的运营，该团队原本的业绩是一个月完成 200 万元的销售额。在我负责后，这个数据很快就提升到了 400 万元。其中的关键就在于原来员工做私域是想做就做，不想做时，总部也看不到、管不着；我接手以后明确了每个门店的所有过程目标，包括拉新数量、发朋友圈的内容和频次等，并且给大家提供话术、素材，方便大家能及时使用。同时，我通过第三方检查不断确保大家真正落实了我的要求，于是很快就实现了业绩翻倍。

需要注意的是私域运营要遵循"三不"原则。

- 信息不要刷屏，包括微信朋友圈、社群和私聊信息都不要过度，否则顾客要么拉黑你，要么彻底无视你。
- 群发功能的使用要克制，尽量避免推送千人一面的信息。管理者需要制定信息推送的规则、频次和内容要求，员工要严格遵守。
- 不要随便打"交个朋友"的牌。例如，要尽量避免使用提醒顾客下雨了带伞、天冷了加衣这类文案。对于现在的大部分顾客来说，发送这类文案就属于"过度服务"。

利用私域提升复购率的小技巧

- 对私域顾客做好标签管理，就如同为他们量身打造了一个专属的"信息定制箱"。后续，我们可以根据顾客的喜好定期联系他们，并精准推送他们最感兴趣的信息。这样，我们的触达更加精准，推送的信息也更能满足顾客的需求。标签的标记可以通过人工或数字化手段来完成。
- 员工在添加顾客为好友后，每天都需要精心管理自己的微信朋友圈，用于吸引顾客注意（但请注意微信朋友圈的发送频次和时间，避免给顾客带来过多的打扰）。

- 管理者可以在顾客购物后安排贴心的售后提醒和回访服务。例如，家具店可以在家具销售后的 24 小时内给顾客发送商品搭配指引和保养方法，并在 7 天内回访，以确认顾客是否有售后问题。对于大件商品，可以持续 1 年甚至 3 年进行回访，并为顾客提供保养服务，让顾客感受到我们无微不至的关怀。

- 门店促销、活动、节假日及顾客生日都是与顾客建立联系的关键时机。管理者可以借此机会通过举办活动、赠送礼品等方式邀请顾客到店（如提供生日月优惠券、生日到店礼、七夕到店礼等），让顾客感受到我们的诚意和热情。

- 建立一个门店的社群，为门店和顾客搭建一个互动交流的平台。这种方式特别适合那些顾客黏性较强、非一次性或低价消费的门店。花店、化妆品店、社区超市、美容院等都可以尝试建立自己的社群，与顾客建立更加紧密的联系。

- 建立定期唤醒机制。例如，对于一年没有上门的顾客，我们可以推送满减优惠券或上门礼等优惠信息，以此唤醒他们对门店的记忆和兴趣，促使他们再次光顾门店。

4.6　玩转储值卡，让顾客复购

储值卡是各大零售商、零售店手里的一把"金钥匙"，能牢牢锁住顾客的心。例如，顾客在结账时看到储值优惠，心想："嗯，这家店不错，我还会再来的。"于是，顾客爽快地给储值卡充值了。而有余额在卡里，顾客自然就有了再次光顾的动力。

说到储值卡，你可能会觉得其用法无非就是充值送赠品或用储值卡消费打折。但实际上，这里面的门道很多，表 4-1 盘点了储值卡的各类用法。

表 4-1　储值卡的常见用法

储值卡的不同用法	具体说明	案例	适用范围	作用
充值返赠	给充值大笔金额的顾客赠送部分额度	很多餐厅、洗浴中心、游乐中心都用这种方式	基本都适用	绑定顾客，增加顾客复购率
充值首单免单	属于充值返赠的一种变形方式，这种方式对顾客的利益刺激更直接	美发店烫染头发等一次差不多几百元，但你如果是第一次办储值卡，本次消费可以免单	高频消费的服务场景更适用，如美容美发、康养等服务场景	当场免单可以很好地刺激顾客充值，绑定首单顾客
充值享受折扣/福利	给充值的顾客提供消费折扣，或者额外赠送礼物/福利	在很多餐饮店充值×××元，后面每次到店消费都能获赠招牌菜	基本都适用	绑定顾客，增加顾客复购率，同时给充值顾客提供一种尊享感
小笔金额充值享受折扣	引导顾客在客单价的基础上充值小笔金额，并为其提供折扣	顾客在某母婴店消费后，充值20元即可享受当日全单9.5折，而充值的20元也可供后续消费使用	希望有更多顾客复购，但是顾客黏性并不强时用这种低门槛的储值方式效果较好	低成本绑定顾客，比起前面的大额储值方式，顾客更容易接受此方式

（续表）

储值卡的不同用法	具体说明	案例	适用范围	作用
充值分月返赠	顾客充值大笔金额，便为其赠送大笔金额，但是每月返赠一部分	电信运营商较多使用这种方式，比如存 1000 元送 1000 元，首月返 100 元，剩下的每个月返 100 元，分 9 个月返还	手机运营商、网络服务商等	赠送的金额不能一次到账，可以起到长期绑定顾客的作用
打包项目充值	引导客户以打包价格享受组合服务	充值 3699 元，享受 ×× 美容产品套装、12 次专业服务等	适用于美容、保健养生会所、汽车服务商等服务类商家	各种服务的组合会给顾客更划算的感觉，而且可以让顾客多试用不同服务

　　不过，近些年关于储值卡商家的负面新闻也有不少，这让顾客在面对陌生门店时对是否参与储值活动犹豫不决，特别是那些需充值金额较大、使用周期长的储值活动。所以，门店需要好好琢磨如何设计一个既吸引人又合理的储值活动。

　　表 4-1 里第 4 种储值卡的设计非常有意思，它不要求顾客一次性充值大笔金额，而是鼓励他们只在当次消费金额的基础上适当存一点，留下少量的余额在卡里。这样做的好处是降低了顾客的储值门槛，让他们更容易接受，同时也为商家带来了回头客。例如，某个小区的餐饮店，客单价大约 50 元，顾客消费后如果再加 18 元办一张储值卡，当天消费就能享受 9 折优惠，以后再来消费也同样可以享受此折扣优惠，而且那 18 元储值金随时都

能用。想想看，如果你家楼下也有这样一家店，你是不是也愿意办储值卡呢？

　　熊猫不走是一家销售蛋糕、甜品的公司，也提供由玩偶送货上门的服务。如果你看到朋友圈有人扮熊猫跳舞、送蛋糕，可能就是这家公司提供的服务了。用两三百元请一个人扮熊猫送蛋糕上门，性价比较高，小朋友们通常会特别开心，这自然会吸引有长期消费需求的顾客充值。其蛋糕店设计的充值活动如图4-3所示。

图4-3　熊猫不走蛋糕店设计的充值活动

这个设计有意思的地方体现在以下几点。

- 一个蛋糕的价格为 299 ~ 399 元，充值门槛为 479 元，基本上买两个蛋糕就能消费完，不会给顾客造成担心用不完充值金额的心理压力。
- 一旦充值，以后顾客需要订生日蛋糕时，大概率都会选择在熊猫不走蛋糕店购买。
- 到账余额和可享受的权益有效期较长，能让顾客记住品牌，年年购买，让品牌伴随顾客成长。
- 充值等级有 3 档，相应的充值金额分别是 479 元、499 元、999 元。其中，479 元这一档的设计采用了锚定效应，即让顾客对比以后觉得充值 499 元非常划算，从而快速决定充值。
- 熊猫不走蛋糕店把顾客充值后可享受的优惠券、蛋糕直接全部转化为一个总金额，非常有吸引力。
- 充值按钮下方还有充值成功人数展示，能对顾客充值起到一定的暗示和引导作用。

你也可以对比表 4-1 中介绍的几种储值卡形式，从中选一种适合你的门店的形式，但是一定要记得提前测算好毛利率。

有了吸引新顾客和维护老顾客的方法，我相信你很快就可以提升门店的客流量。接下来，我们将从物理空间角度拆解营业额，在现场寻找提升业绩的机会点。

第 5 章

打造冠军团队，实现业绩的爆发式增长

"找茬"专栏

一家母婴用品超市有 3 个团队，分别负责门店 A、B、C 区域的经营。每个团队的绩效都一样，即大家均分门店的奖金，而每个员工也都按照自身等级拿相对固定的提成和工资。该门店的离职率很高，大家都觉得工作很累，压力很大。老员工不喜欢新员工，总觉得他们什么都不会，工资还跟自己没有多大区别，于是经常聚在一起吐槽新员工。

而 3 个团队的负责人之间也互相不对付，总觉得别人的事情少、自己的事情多，于是常常出现不同团队互相使绊子的情况。但是，因为 3 个团队的负责人负责各自区域的时间已经很长了，他们的能力还是非常强的，所以店长也就只能睁一只眼、闭一只眼。

$$营业额 = 小团队 1 的业绩 + 小团队 2 的业绩 +$$
$$小团队 3 的业绩……$$

门店就像一个大团队，由几个到几十个小团队组成。这些小团队有时是按照品类划分部门的，如同超市的生鲜、家电、日用部门，或者母婴店的食品、玩具、服装部门；有时则是按照空间划分的，一楼是一个团队，二楼是一个团队，或者 A 区、B 区各是一个团队。

门店的业绩便是这些小团队的业绩的"华丽合奏"。或许你会认为，这不过就是简单的业绩相加的结果。然而，正是在这看似简单的相加过程中，蕴含了门店管理的智慧与策略。

为什么要将门店拆分成不同的小团队呢？因为门店需要进行更精细化的管理，将庞大的体系拆分成更小的管理单元，有利于我们深入每个部门、每个区域挖掘其独特的价值。同时，小团队之间的竞争也可以激发团队成员的无限活力，推动业绩不断攀升。

为了提升业绩，我们必须深入这些小团队，探寻更大的机会点。本章将重点聚焦团队管理，探讨如何激发团队成员的潜力，打造高效协作的小团队。

5.1 员工、组织转起来，激发无限潜能

通过合理的组织架构设计，把员工安排在合适的位置，让大家互相协同工作，门店才能取得最优结果。

　　一般门店的常见岗位包括店长、副店长 / 主管、普通员工、仓库管理员、收银员、陈列师等。门店常见的组织架构形式是专人专岗，即把店员按照职责分成若干部门。例如，收银员属于收银组，仓库管理员属于仓库组，员工可能根据需要分 A、B 区员工。这样划分的好处是简单、责任清晰、工作的专业度更高。然而，专人专岗的缺点也很明显，包括以下 4 个方面。

- 长时间重复同样的工作容易使人厌倦，丧失激情，团队也很容易失去活力。
- 员工只负责处理责任范围内的事务，容易导致效率低下（因为工作内容可能不饱和）。
- 在员工责任范围外的工作很容易因权责不明确而难以完成。
- 由于专人专岗，员工的不可替代性也会随之变强，一旦有人请假或离职，就会给门店运营带来很大的麻烦。

　　为了解决这些问题，门店可以实行轮岗制度：门店依然分成若干部门，但是员工定期在多个岗位间轮换。现在有越来越多秉持新理念的零售管理者会用这种方式设计组织架构。实施门店轮岗制度有以下 5 点需要重点关注。

- 不再按照工作岗位对员工分组，而是按区域分出若干部门，比如 A 区域为一个部门，B 区域为一个部门，让门店内不同部门之间既有竞争，也有合作。
- 员工每天的工作内容会根据实际需求调整，排班情况需要提前确定。

- 员工的工作结果和绩效、晋升制度挂钩，可以鼓励员工不断学习，不断成长。
- 对员工的工作安排除了轮岗做常规的仓库管理、收银台相关业务和门店销售等内容，还可以给员工授权项目类工作。例如，A 员工会负责全店员工的人事考勤工作，B 员工会负责新员工培训，等等。
- 当天班次的负责人要根据现场情况随时灵活调整对员工的安排。

轮岗制度的好处是能让员工尝试不同的工作内容，在工作时更有新鲜感；也能让员工不断成长，使团队的长期稳定性和综合能力更强。

对于门店的员工，店长应做好工作职责划分，如表 5-1 所示。

表 5-1　门店分工管理表

项目	细项	执行时间	负责人	追踪人
人事管理	入 / 离职办理、福利发放、假期审核			
	人事制度更新			
	考勤周期审核			
	绩效周期审核			
	人员面谈			
培训管理	培训架构、月度培训日历、训练稽查反馈更新			
	培训整改反馈到群			
	月度明星员工评选和宣传			
	带教反馈			

（续表）

项目	细项	执行时间	负责人	追踪人
销售管理	激励计划制定			
	销售目标 / 销售计划制定			
	竞品数据收集、分析及相应行动方案的制定			
	从员工中收集顾客意见、商品调拨情况、缺货情况、实务操作改善建议等与营业额、利润、顾客满意度相关的信息			
	周数据反馈总结			
	月数据反馈总结			
商品管理	监控门店商品相关数据，管理门店的商品流转			
	负责门店的商品知识培训，确保全员成为产品专家			
	制定门店盘点计划并实施			
陈列管理	陈列布局图制作			
	海报 / 活动宣传画制作数量确认			
实务管理	工程进度管理和相关情况反馈			
	仓库管理（货品整齐、地面整洁、箱头标识明确）			
	库位管理			
	卖场 5S 管理			
	固定资产盘点			
	租金、电费等物业相关费用的支付和报销			
	合同管理			
	门店各类费用的支付和报销			
	公共关系处理			
	人员安全管理			

（续表）

项目	细项	执行时间	负责人	追踪人
损益管理	通过损益表找出产生问题的原因，制定改善对策，提升门店的收益			

5.2 合理设计绩效方案，别对不起优秀员工

不合理的绩效方案千奇百怪：有的是团队平均分配绩效，大家一起吃"大锅饭"；有的造成团队内部过度竞争，员工关系剑拔弩张；还有的给员工过高的薪酬，却没起到激励的作用。这些不合理的绩效方案都有一个很大的问题——让优秀员工或有潜力的员工感觉不舒服，或者得不到合理的报酬，从而导致他们流失，造成团队业绩下滑。不同类型门店的绩效方案对比如表 5-2 所示。

表 5-2 不同类型门店的绩效方案对比

门店类型	绩效方案	优点	缺点
推销型门店	一般采用个人销售提成加底薪的方式计算综合薪资。例如，个人销售额 10000 元，提成 10%，即 1000 元，加上底薪 3000 元，综合薪酬为 4000 元	员工多劳多得，大家通常更愿意做销售	• 员工容易为了利益抢单，引发团队协作不畅的问题 • 员工可能会为了个人绩效做出损害品牌或顾客利益的行为，比如对不购买的顾客不礼貌 • 员工会不断提高推销的能力，但是其他软性能力，如培训或分析解决问题的能力则很难被提高

门店类型	绩效方案	优点	缺点
自助购物型门店	按照岗位固定薪资加上团队绩效的方式计算综合薪资。例如，个人岗位固定薪资 3000 元，团队绩效 1000 元，合计 4000 元	因为采用的是团队绩效，所以能很好地避免员工抢单及过度服务顾客，可以在一定程度上鼓励团队协作	• 员工容易没有目标感，习惯吃"大锅饭" • 员工的销售能力较弱 • 销售能力强的员工容易觉得不公平

表 5-2 表明，传统以个人销售为导向的门店基本采用个人销售提成加底薪的方式计算综合薪资。

现在很多自助购物型门店更愿意以产品或品牌吸引顾客，而不是仅靠员工的推销。这类门店往往把员工定义为"产品专家"或"顾问"，而不是推销员。这些门店减少了个人销售业绩对薪酬的影响，甚至完全不考虑个人销售业绩。

很多门店介于这两者之间，既想增强团队的目标感，又不希望员工以个人业绩为导向，该怎么办呢？其实还可以采取部门绩效、班次绩效或个人积分绩效等方式。

5.2.1　部门绩效：让团队竞争起来

部门绩效将绩效考核的焦点从全店层面转移到部门层面，专注于衡量部门目标的完成情况。这样做的好处较多：一方面，它看重的是团队整体的表现，而不是个人单打独斗的能力，避免了员工因追求个人业绩而可能出现的冒进行为和恶性竞争；另一方面，当考核范围从全店缩小到部门时，吃"大锅饭"的现象也会得到有效遏制。

在小团队里，每个成员都为了融入其中而竭尽全力地展现自己的价值。这种价值可能不直接体现在销售业绩上，而是体现在为团队建设添砖加瓦等方面。同时，小团队的管理者能够更准确地把握每个成员的状况，实现精准管理。而且，由于存在其他竞争团队，团队成员更容易团结一心，共同追求更高的目标。

没有竞争的赛场难以激发团队的斗志，而适当的竞争是激发团队潜力的最优催化剂。需要注意的是这种方式要求门店各部门的目标设定必须合理公正；否则，同一门店内不同部门的员工在相互比较时很容易觉得不公平。

5.2.2 班次绩效：每天卖起来

班次绩效就像一个即时反馈的仪表盘，可以根据每个班次全店的业绩表现计算员工的绩效。例如，今天早班的表现以 90 分计算，那么参与早班的员工都能获得这个基础分数，管理者再针对个人表现进行加分。一个月后，管理者汇总每位员工的绩效分数，给出最终的绩效评价。与部门绩效相似，班次绩效也不单独考核个体的绩效，从而避免了员工为短期利益而采取不当行为。

由于班次绩效关注的是当天所有成员的表现，团队成员更容易在当天就凝聚起来，因为他们能即时看到努力的结果。这样，长期不贡献的员工就很容易被识别出来，并可能被团队淘汰。这种考核方式的即时性非常强，能让团队成员从关注每月的绩效转向关注每天的表现。但这也对管理者的排班能力提出了更高要求，不合理的排班可能会让员工感到不公平。同时，在计算班次绩效时，管理者还需注意不同班次之间的重叠时间，以及目标分配的合理性。

5.2.3　个人积分绩效：提升员工的目标感

个人积分绩效以个体员工为焦点，旨在最大限度地激发员工的工作热情。想象一下，积分绩效就像一块积分板，上面包含服务、团队配合度等多个考核维度。而具体考核的内容和占比可以根据公司当下的目标进行灵活调整。

这种绩效方案不仅灵活多变，而且包容性非常强，仿佛有一位贴心的导师关注着员工的每一个成长瞬间。然而，它也有一个瑕疵，那就是计算起来稍微有些烦琐。但别担心，只要管理者愿意长期关注并引导员工，这些瑕疵便会变得微不足道。

以下两个方案中，方案一更偏重于考核员工出勤当天门店的业绩达成率，而方案二则偏重于考核员工所在部门的业绩达成率。

方案一：考核员工出勤当天门店的达成率（占比50%）＋员工当月的服务分数（占比30%，以店内和店外考核人员打分为准）＋员工的大额销售单数（占比20%）。

方案二：考核部门的业绩达成率（占比50%）＋员工行为分数（占比35%，包括服务行为、被表扬行为和违规行为）＋员工业绩贡献指数（占比15%，可以考核推荐大单的数量，或者所在班次的达成率）。

不论选择哪一种方案，管理者都应该定期复盘，针对发现的问题及时调整发展方向，确保团队能够顺利前行。

表5-3是某连锁零售公司对门店员工的绩效考核方案，其中包含月度销售目标完成率、检查得分和公司待执行事项3项考核指标。该方案对门店员工的考核更多参考的是整个门店的业绩完成情况，所以更适用于非销售型门店。

下面，我们分析一名店长利用绩效方案提升团队业绩的案例。

小A是一家有8名员工的社区小超市的店长。刚到门店，小A就发现了很多问题：员工工作散漫，效率很低，不重视业绩，也不在乎顾客。唯一的优点大概就是团队氛围还不错，大家相处和谐，没什么矛盾。小A想要改变现状，就开始深入了解是什么原因造成了这些问题。

经过一段时间的观察，他发现了两个主要原因：一是员工工资中固定部分占比太多，而绩效部分占比太少，导致员工缺乏动力追求高绩效；二是员工长期固定在自己的岗位上，缺乏活力和竞争意愿，使整个团队如同一潭死水。

面对这些挑战，小A并没有气馁。他花3个月的时间深入了

表 5-3　某连锁零售公司对门店员工的绩效考核方案

考核指标	指标内容及描述	考核岗位及对应权重				得分计算规则
		门店经理 / 门店副经理	门店陈列师	门店管理人员	门店员工	
月度销售目标 完成率	月度销售目标完成率 = 当月实际销售额 ÷ 当 月目标销售额 × 100%	60%	45%	65%	70%	完成率 × 权重 × 100
检查得分	总部检查得分	20%	10%	20%	20%	得分 × 权重
	区域经理检查得分	5%	5%	5%	5%	得分 × 权重
	陈列部门检查得分	5%	40%	10%	5%	得分 × 权重
公司待执行 事项	当月公司交办事项完成 情况得分	10%	—	—	—	得分 × 权重

解每个员工的特点和需求，然后开始实施改革。

首先，小 A 把门店的员工分成了食品组和日用组，由两名副店长管理。这两名副店长的绩效工资中有 50% 跟门店业绩挂钩，还有 50% 跟自己小组的业绩挂钩。这样一方面可以让两名副店长对自己小组的工作结果负责，另一方面可以很好地避免两个小组之间的恶性竞争。

这一步工作花了 3 个月的时间，小 A 帮助副店长在他们的团队内部搭建管理体系。两名副店长因为有了更明确的权责范围和匹配的绩效考核方案，开始更有责任感和动力带好团队做出业绩。

然后，小 A 又设计了一套全新的绩效核算和晋升体系。每个员工的绩效不仅与全店业绩相关，还与自己的责任范围、小组业绩紧密相连。此外，他还推行了轮岗制度，为有潜力的员工提供晋升和加薪的机会。这些改革措施如同一剂强心针，让员工重新焕发了活力。

虽然改革初期该方案遭遇了员工的抱怨和不满，甚至有 3 名老员工离职，但随着时间的推移，优秀员工的收入开始增加，副店长的管理能力也得到提升。整个团队开始更加重视销售业绩，门店的业绩也水涨船高，比之前提升了 10%。

如今，这家小超市已经焕然一新，员工精神焕发，团队凝聚力极大增强。小 A 的改革措施不仅解决了原本的问题，还为门店带来了新的生机和活力。

绩效方案设计小技巧

- 绩效方案一定要结合门店的实际情况和需求设计。
- 绩效方案尽量不要设计得很复杂，否则很可能让大家不清楚怎样实现高绩效。
- 绩效方案推出以后可以先试运行，结合试运行的效果和反馈做调整后再正式发布和绑定绩效。
- 让员工能即时知道自己的绩效结果，比如每天公布当天积分，这种即时反馈更能激发员工的动力。

5.3 团队目标感弱、协作差：上下同欲靠 7 点

当你走进一家门店时，如果每位员工都满怀热情地为你介绍商品，展现出很强的专业素养，团队配合默契，那么这家门店的团队管理水平就很高。但更多时候，你可能会发现员工聚在一起闲聊，对顾客的需求置若罔闻，对门店的问题视而不见。这样的门店，其团队管理恐怕还有很长的路要走。

那么，怎样才能让团队心往一处想、劲往一处使，共同为实现目标而努力呢？

- 最直接、快速且有效的方法，莫过于将共同目标与员工的绩效薪资紧密绑定。例如，现阶段的目标是提升业绩、优化人

员配置和增强执行力，那么绩效考核方案中就应该包含销售目标达成率和关键项目执行率等考核指标。切记考核指标不宜过多，以免分散员工的精力。

- 门店的整体目标需要细化到每位员工身上。例如，在私域管理方面，可以设定每位员工每天的拉新目标和沟通目标，并明确每位员工负责的具体事项。这样，员工在实现目标的过程中会明确自身的权利和义务，从而更有效地实现目标。

- 当员工对与目标相关的工作掌控感更强时，他们的目标感通常也会更强。管理者应经常引导员工主动发现项目中的问题、自主解决问题，并为他们进行必要的授权和赋能，从而提升员工在项目中的参与度。

- 当存在共同的竞争对手时，团队内部往往会形成更强大的凝聚力。此时，管理者可以让不同团队之间进行适度的竞争，激发大家的斗志。

- 仅仅制定目标或绑定利益，并不能确保员工真正重视共同目标。构建反馈闭环才是促使员工追求共同目标的关键。我曾带领团队进行微信群营销，一开始大家口头上都很重视这个任务，但实际效果不佳。于是，我开始每天、每周追踪大家的执行过程和结果，引导竞争，并与团队成员一起复盘、调整计划。经过一个月的努力，我们的团队从全国十几个区域中排名倒数第一跃升至排名第一。

- 除了利益绑定和构建反馈闭环，满足员工的社交需求也能促进员工对共同目标的追求。当员工发现自己影响了团队共同目标的完成而不被其他员工欢迎时，他们会更关心团队的共

同目标并为之付出努力。我曾做过这样的目标拆分：同事 A
负责所有人每天要递送 15 个购物袋，同事 B 负责所有人每
天吸引 15 个人注册会员，同事 C 负责每天模特款商品的销
售要达成目标。为了更好地融入团队，大家就会帮助其他同
事完成目标，每个人之间都会形成交互和合作关系。这样的
社交互动不仅增强了团队凝聚力，还有利于实现共同目标。

- 营造成就感是增强员工目标感的基石。在带领团队前进的过
  程中，我们要经常举行庆功活动，甚至每周召开庆功会、每
  月进行优秀员工表彰。这样，员工的自豪感和成就感会不断
  增强，他们对实现目标的信念也会更加坚定。

统一团队目标的小技巧

- 引导团队形成共同目标的关键在于带领大家打好一场场胜
  仗。当团队成员的能力和意愿尚未达到理想状态时，我们
  可以考虑缩短初期的目标完成周期，同时适当降低完成目
  标的难度。这样做的目的是先带领团队取得一场小胜利，
  让团队成员感受到胜利的喜悦，产生成就感，从而激发他
  们取得更大胜利的积极性。
- 一旦团队取得了胜利，我们必须及时组织庆祝活动，放大
  这份胜利的喜悦。这不仅是对团队努力的肯定，更是对团
  队凝聚力和信心的进一步增强。在庆祝中，我们可以分享
  胜利的喜悦，总结胜利的经验，让每一位成员都深刻感受
  到自己的价值和团队协作的力量。

5.4 团队内强调竞争还是协作，做好平衡才能取得好结果

一个充满活力的门店往往由若干个小团队组成。然而，随着时间的推移，这些团队之间也可能出现恶性竞争或内斗。

多年前我管理一家门店时，选拔了两名经理，分别带领 A 团队和 B 团队。两名经理都是佼佼者，他们相互较量，很快就让各自的团队焕发勃勃生机。团队成员间配合默契，业绩斐然，也频频举办团建活动，一切都看似和谐美好。

然而，好景不长，几个月后，一种微妙的变化悄然发生。随着竞争的加剧，两个团队开始将对方视为眼中钉。他们一方面全力以赴地完成自己的工作，另一方面却极度回避合作，甚至暗中阻挠对方。例如，A 团队有员工请假时，B 团队的员工会面露不悦，拒绝支援；或者当大量货品需要验收时，两队成员各自为战，绝不支援对方的工作。更过分的是当有顾客在一方团队所在区域挑选商品时，另一方的员工会暗示商品质量不佳，力荐自己团队所在区域的商品。这种恶性竞争如同毒瘤，若不及时切除，恐将面临严重的后果。

那么，作为管理者，怎样避免这种恶性竞争呢？

- 适度的竞争对于团队成长至关重要。它可以激发团队成员的斗志，使其明确目标。然而，一旦竞争过度，它带来的负面影响将远超正面效应，此时必须及时干预。例如，通过与相

关责任人面谈、惩罚违规行为或调整团队成员等方式来干预。

- 管理者应对员工的情绪和团队氛围保持高度敏感。在鼓励团队成员竞争的同时，一旦发现不良情绪的苗头，管理者就要立即调整策略，防患于未然。

- 店长必须明令禁止任何形式的恶性竞争，并鼓励团队合作。通过定期召开例会，店长可与核心管理团队共同总结经验，制定计划，确保团队始终朝着共同目标前进。

- 店长还可以设计一些团队协作活动，如团队成员交换、轮岗、负责跨团队项目等，以增进不同团队相互了解与信任。

- 明确门店的整体目标和增强大团队间的凝聚力是化解恶性竞争的关键。只有当员工对门店的整体目标充满热情，对大团队有归属感时，小团队之间的竞争才不会越界，而是会转化为促使大家共同前进的动力。

避免团队内耗的小技巧

我强烈建议零售管理者多抽出时间与自己的团队成员吃饭。但请记得，不要总是与固定的几位成员吃饭，而是应该轮换着来。这不仅能让零售管理者更深入地了解团队的最新动态，更能让大家在轻松愉快的氛围中增进对彼此的理解与信任。

5.5 碰到散播负能量的非官方小团体，10 招轻松化解

在一个繁忙的门店中，可能存在这样的现象：几个入职时间相近的员工相处得亲密无间，或者几个本地员工常常自成一派。然而，这些非官方小团体往往会成为负面情绪和谣言的温床，如果管理者不加以重视，它们很可能成为破坏团队凝聚力的隐形炸弹。

碰到散播负能量的非官方小团体，管理者该怎样破局呢？

- 关注整体：管理者要从这些小团体中抽离出来，审视整个团队。创造和谐融洽的团队环境至关重要，这比简单地拆散小团体更有效。当大环境充满正能量时，小团体的负面影响自然会被削弱。

- 发挥共同目标的力量：为了创造和谐融洽的团队环境，管理者可以为团队设定一个共同目标，并将它拆解成每个成员都能参与的小目标。通过培训和授权，每个成员都能感受到自己与共同目标的紧密联系，从而增强自身的参与感和使命感。

- 强调尊重与包容：在团队中，构建尊重与包容的文化同样重要。我曾遇到过对新入职者持有偏见的老员工。为了改善这种情况，我将尊重作为团队的核心价值观之一，并严肃处理任何不符合这个价值观的行为。我也强烈建议各位管理者在自己的团队明确和坚持这样的价值观。

- 温和处理小团体：对于影响团队和谐的小团体，管理者应避

免采取强制拆散的手段，因为这可能会激起小团体的逆反心理。相反，管理者应采取温和而坚定的策略，逐步引导他们走向正轨。

- 关注核心成员：每个小团体中都有核心成员，管理者的影响力不容小觑。管理者要特别关注这些成员的情绪和动机，通过正面的引导，让他们成为团队中正能量的传播者。

- 建立信赖关系：一旦与小团体的核心成员建立了信赖关系，管理者就可以定期与他们进行面谈，了解他们的想法和困扰，引导他们选择正确的行为。

- 促进交流与协作：除了关注小团体内部，管理者还要创造机会让不同小团队之间进行交流与协作。例如，可以定期组织全员大会、团队间的人员调换以及跨小团体的合作项目。

- 发挥培训的作用：师徒制度是促进跨小团体关系建立的有效抓手。但要注意，这种关系必须是正向的，师傅不仅要传授知识和技能，还要对徒弟的心态负责。

- 果断干预：如果采取以上措施仍然无法消除某些小团体的负面影响，管理者就要果断采取强硬的干预措施。例如，可以通过调整出勤班次和休息时间等方式隔开小团体内部的成员。

- 对持续散播负能量者说"不"：对于那些持续通过小团体散播负能量的员工，管理者应及时调整岗位或解雇。

消除小团队负面情绪的小技巧

对于某些配合度很低，又喜欢传播负能量的员工，不妨试试减少他跟其他容易被影响的员工接触（减少共同班次），并且多安排充满正能量的员工带动他。

在设置好组织架构，搭建合理的绩效机制，树立共同的目标，并且处理团队中的负能量散播者以后，我相信你一定可以带出一支高度专业的零售队伍。接下来，我们就要从商品维度拆解业绩，一起来找机会点。

第 6 章

打造爆款品类，实现业绩提升

A 店是一家手机店，它的培训模式如下。

每次上新品，总部会发出新品培训资料，内容主要是手机的各类功能和参数介绍，有几十页，密密麻麻的。店长收到培训资料后会马上转发给所有员工，要求大家学习。然后每天开例会时，店长也会照着资料给大家念手机的各种参数，并且抽查大家的学习情况。

你觉得该店的培训模式有效吗？你能找到哪些问题呢？

门店营业额＝品类 1 的营业额＋品类 2 的营业额＋

品类 3 的营业额……

门店的营业额就如同精美的拼图，每一块小拼图都代表不同品类的营业额。以餐饮店为例，这块拼图由主食、荤菜、素菜、小吃和酒水等部分组成。门店营业额的整体提升离不开这些品类营业额的增长。本章将聚焦于如何通过精细的品类管理，巧妙地拼接这些小拼图，进而提升整个门店的营业额。某连锁化妆护肤品集合店的 4 家门店日均销售数据对比如表 6-1 所示。

表 6-1　某连锁化妆护肤品集合店的 4 家门店日均销售数据对比

门店	营业额（元）	客流量（人）	成交率（%）	连带率（件）	件单价（元）
A 店	5474.7	300	7.9	2.1	110
B 店	10491.7	450	9.3	2.3	109
C 店	5920.9	270	8.9	2.2	112
D 店	10342.8	390	10.2	2.5	104

我们从表 6-1 中不难发现，A 店的客流量并非垫底，但营业额却排在末位，背后的核心问题在于其成交率和连带率均为最低。为探寻原因，我深入门店实地考察，发现员工的销售服务并无明显短板。那么，问题的根源究竟在哪里呢？我进一步查阅了 4 家店的品类销售报表，如表 6-2 所示。

表 6-2　某连锁化妆护肤品集合店的 4 家门店日均品类销售报表

门店	化妆工具类	化妆品类	香水类	护肤品类	礼盒类	件单价（元）	合计占比
A 店	3%	20%	27%	44%	6%	110	100%
B 店	5%	24%	34%	31%	6%	109	100%
C 店	5%	26%	32%	30%	7%	112	100%
D 店	6%	25%	31%	33%	5%	104	100%

在表 6-2 中，A 店与同城其他门店相比，化妆工具类、化妆

品类、香水类的销售占比均处于低位，而护肤品类的销售占比高达 44%，位居榜首。对于 A 店护肤品类销售占比过高的现象，店长解释为门店位于郊区商圈，顾客往往更倾向于购买护肤品类，而非化妆品类。然而，当顾客的选择被局限在护肤品类时，连带率自然难以提升，因为可选择的品类变少了。

此时，你是否认为已经找到了问题的根源呢？

其实还没有。作为新零售人，我们不能仅凭经验和感觉判断数据所反映的问题，必须深入现场挖掘。到了店里，我发现，A 店的黄金陈列位置几乎都被护肤品占据，而化妆品、香水则被置于角落，陈列空间也相对较小。同时，员工也习惯性地忽视除护肤品以外的品类，他们更倾向于优先为护肤品类补货。长此以往，除了护肤品以外的品类的销量自然逐渐下滑，但大家又错误地将此归咎于外部环境，从而进一步强化了销售护肤品的行为。渐渐地，顾客甚至形成了这家门店只卖护肤品的印象。

针对这个问题，我为 A 店制定了以下 3 个调整方案。

- 重新调整门店陈列，确保除了护肤品以外的其他品类也能在主要销售区域得到充分展示。
- 在门店员工的绩效考核方案中增加一个考核指标，要求员工必须保证除了护肤品以外的品类销售达到一定金额。
- 组织员工接受其他品类产品的培训，并带领大家进行产品体验。

经过这些调整，A 店的化妆品类、香水类的销售占比迅速提升，门店整体业绩也提升了 20%。

这个案例充分展示了如何通过挖掘品类中的机会点来提升销售业绩。那么，在门店管理中，我们还需要采取哪些关键措施来提升关键品类的业绩呢？

6.1 商品够不够，关键要盯住 4 点

商品管理如调配"弹药"，精准投放才能制胜千里之外。门店的商品就如同战士手中的弹药。库存不足就如同战士缺少弹药，如此怎能轻松取得战斗的胜利？但是，如果库存太多，又会占用门店资金，新货也很难买入。因此，库存管理如同走钢丝，必须保持好平衡，这对于增加门店的利润十分重要。

那么，如何判断门店的库存是否恰到好处呢？表 6-3 中列出了 4 个关键指标。

表 6-3　判断门店库存的 4 个关键指标

关键指标	指标释义	判断标准
库存周转周数	库存周转周数 = 库存金额或数量 ÷ 上周销售金额或数量。它指的是按照目前的销售业绩，库存数量或金额能够维持几周的销售	一般来说，库存周转周数越大，说明库存越充足。但库存并不是越充足越好，毕竟库存多了会占用资金，造成浪费，而且会影响门店引进新货。所以不能单一地看这个指标，还要结合其他指标一起分析

（续表）

关键指标	指标释义	判断标准
商品陈列丰富度	通过观察门店的货架陈列，判断商品陈列是否充足、丰富，让顾客有购买欲	丰富的货架陈列意味着商品种类多、数量足，能够给顾客提供更多的选择。但是，如果陈列过于丰富，销售没有跟上，也意味着会有库存的浪费
缺货率	缺货率是指门店中因库存不足而无法满足顾客需求的商品所占的比例	缺货率越低，说明门店的商品供应越充足，顾客满意度越高
销售与库存比例	通过比较某品类的库存金额或数量占比和销售金额或数量占比的差异，确认这两者是否比例失衡	例如，某家门店的某个品类销售得非常好，销售金额占比为 50%，但是库存金额占比只有 5%，那就说明这个品类很可能库存不足。如果商品库存能够满足销售需求，并且保留一定的安全库存，那么商品供应就是充足的

综合以上 4 个指标，我们可以对门店的商品充足程度进行全方位、多角度的评估。但请注意，每个门店、每个行业都有其独特性，我们在判断商品是否充足时还需结合实际情况进行深入的剖析。此外，门店还需敏锐地捕捉市场变化、顾客需求及竞争态势，灵活调整商品管理策略，确保商品供应的合理性、稳定性和持续性。

6.2 10 步让全员成为产品专家，赢得顾客信赖

当员工对产品足够了解时，顾客往往会产生信赖，员工无须

过多推销，也会让顾客觉得员工真正帮助了他。

要让全员成为产品专家，就要做到以下 10 步。

- 管理者必须对产品了如指掌，并将产品知识培训作为重中之重，带领团队一起重视对产品知识的学习。
- 产品知识培训不仅包含产品属性，还要包括客群定位、品牌故事、竞品对比及维护保养等。让员工深刻理解产品背后的故事，有利于他们更好地满足顾客需求。
- 将产品培训与销售培训紧密结合，让员工明白培训的目的是更好地传递产品价值，促进销售。这样不仅能满足顾客需求，还能助力员工提升业绩。
- 产品培训资料要丰富多样，如产品体系地图、便携口袋书、音频教程等。管理者还可以设计一些小游戏和互动环节，让培训变得更加有趣。
- 充分利用碎片时间进行培训，如例会分享等，让学习成为日常。
- 培训结束后，务必布置实战任务，并及时给予反馈，形成学习闭环，确保知识和技能得到巩固和应用。
- 培训要有考核，除了笔试，还可以采取现场抽查、摸底考试等形式。只有让员工有动力和压力去学习，他们才能将产品知识牢记于心。
- 培训方式要多样化，如分组比赛等，以增强员工的集体荣誉感，让员工为了实现共同目标而努力学习。

- 鼓励员工分享与产品有关的故事和亮点，让顾客一听就有购买欲。
- 充分调动员工的积极性，让他们自发组织产品培训、比赛等活动，甚至可以任命产品知识培训经理，让学习成为一种习惯，激发员工的学习热情。

产品知识培训小技巧

- 门店管理者可以调动员工一起想办法思考产品话术和卖点，因为他们往往更懂顾客的需求。
- 线上购物平台或小红书等社交媒体平台也是非常好的产品知识资料库。大家可以多跟销售相似产品的淘宝客服聊产品，或者在小红书搜索相关产品，一定能找到很多独特的产品卖点。

6.3　打造爆款商品或品类要做好 5 件事

二八法则，这条商业世界的黄金定律在零售门店中同样适用。简单地说，就是少量核心的商品贡献了大部分的销售额。如果门店能够精准地定位和推出爆款商品或品类，就能轻松提升业绩。

不同的门店在不同的季节或时段都有自己的"明星商品"。例如，夏天的美妆店主推防晒霜，电器店则主推空调；到了冬天，服装店就会主推羽绒服，而餐饮店则让火锅成为主角；春节期间，超市会重点推出年货商品，而配饰店则会主打红色系列首饰。这些商品或品类在特定的季节或时间由于节假日或气候的加持，更能吸引顾客注意，激发其购买欲望。门店一定要善于利用这种势能，强化对这些爆款商品或品类的宣传和销售，从而大幅提升门店业绩。

那么，如何打造爆款商品或品类呢？我们要做好以下5件事。

（1）营销宣传好，助推爆款更上一层楼

门店不能坐等商品被顾客偶然发现，而应当主动出击，在各个渠道上全方位、持续地展示和宣传爆款商品，以此抢占消费者的心智。就如同提到方便面，人们自然而然地联想到康师傅；一说到冬天的保暖内衣，蕉内便成为首选。

或许你会认为，这些大品牌的营销策略都是由总部统一制定的，门店能做的事有限。但事实真是如此吗？

你只说一遍某个商品多么好，或许不会给人们留下深刻印象。但如果你持续不断地提及，说了100遍，人们即使想忘也忘不了。虽然单店或区域性的影响力可能不及全国推广，但由点及面，逐步扩大影响，同样可以取得显著效果。

门店可以充分利用私域社群或微信朋友圈进行商品宣传。例如，我的微信朋友圈里就有一家奢侈品门店的销售人员经常发布各种精美的高跟鞋照片，看得我都有了"想要变得更美，就得买一双"的想法。此外，门店还可以借助其他社交媒体平台甚至物业和商场的渠道提高曝光度。

同时，引导顾客进行口碑传播和社交媒体推荐也是非常重要的。许多门店都会鼓励顾客在大众点评上留下好评或在微信朋友圈晒单，这样能够有效地吸引更多的潜在顾客关注。

（2）视觉展示好，爆款更吸睛

对于爆款商品或品类，门店一定要将它们摆放在店内最显眼的位置，同时借助橱窗和创意道具的巧妙搭配，让它们成为店内的焦点。顾客还未进店，就能感受到主打商品的魅力；一旦踏入店内，立刻被它们吸引，深信它们就是店里最值得购买的商品或品类。此外，别忘了附上详细的宣传画介绍，特别是功能性商品，要让顾客对功能一目了然。

以近年来备受关注的服装品牌蕉内为例，它的视觉设计总是充满创意。在炎炎夏日，蕉内主打的"凉皮"防晒服系列搭配 3D 效果广告牌和精美的独立包装，被摆放在门店的核心区域，顾客进店后往往瞬间被其吸引，迅速达成交易。

（3）商品管理好，放大爆款销量

门店要想成功打造爆款商品或品类，还需要进行严谨科学的商品管理。管理者需要提前准备充足的库存，避免因缺货断码而错失销售良机（当然，采取饥饿营销策略时除外）。同时，管理者还需要时刻关注库存状况，做好每天和每周的库存预测与补货追踪，以及留意外部环境或市场变化可能对产品销售带来的影响。

例如，某年冬天，由于气温异常高，原本预计销售火爆的雪地靴销量大跌。为了避免库存积压，门店在 1 月初就开始打折促销这批雪地靴。然而，到了 1 月底，气温骤降，顾客对雪地靴的需求激增，但门店的库存却因打折促销而所剩无几，门店错过了销售雪地靴的黄金期。

（4）员工能力强，推动爆款起量

爆款商品或品类的信息传递至关重要。门店须提前对员工进行产品知识培训，让他们深入了解某核心产品的优势、与竞争对手的区别等。这样在顾客对产品产生兴趣时，员工才能更加游刃有余地介绍和销售好产品。更多关于产品知识培训的内容已在 6.2 节详细介绍，学习这部分内容有利于让每位员工都成为产品销售的行家里手。

（5）销售机制好，爆款越卖越好

仅仅让员工知道爆款商品或品类的重要性是远远不够的。为了激发员工的销售热情，管理者需要建立一套有效的销售机制。

第一，设定清晰的销售目标和过程指标。管理者不仅要为员工设定每天的爆款销售目标，还要关注如邀约试用等过程指标。这样，员工在追求结果的同时也能重视实现目标的过程。

第二，引入奖励和惩罚机制，及时反馈。管理者应围绕销售目标设置奖励和惩罚，每天晚上公布结果，让员工得到及时的反馈。这种方式能让员工像打游戏一样不断挑战自我，争取更好的成绩。

第三，开展品类销售竞赛，激发团队责任感。管理者可以将员工分成若干小组，进行品类销售竞赛。这种方式能激发员工的责任感，让他们为帮助团队获得荣誉而努力，取得更好的销售业绩。

第四，灵活调整销售战略重点。爆款并非一成不变，管理者需要密切关注市场趋势，识别新的爆款，随时调整销售战略重点。只有这样，门店才能始终保持竞争优势。

案例：羽绒大作战

A 店是一家月均销售额高达 300 万元的服装店。店长小张在接管这家门店的第一年冬天就遭遇了羽绒服销售的"甜蜜与苦涩"。当时，羽绒服销售火爆，其销售额占据了整个门店业绩的 40%。然而，由于库存不足，缺货断码的情况频现，羽绒服的销量迅速下滑，公司仓库也无法及时补货。因此，那年冬天小张的业绩远未达到预期目标。

第二年，小张吸取了前一年的教训，从 9 月开始就积极与公司商品部门沟通，提前储备羽绒服。进入 10 月，小张便着手为全体员工进行羽绒服知识培训，确保每个人都能成为羽绒服的专业导购。随着 11 月的脚步临近，冬天悄然来临，小张迅速启动了"羽绒大作战"计划。他制定了详细的销售目标，并设立了个人和团队的奖励及惩罚机制。

门店的陈列师将羽绒服摆放在最佳位置，并搭配模特和橱窗进行展示，吸引顾客驻足。小张每天都会关注羽绒服的销售和库存情况，与同事一起在现场找问题、做销售。一旦发现库存不足，他立即与公司商品部门、上级沟通，确保货源充足。

果不其然，羽绒服销售额迅速攀升，A 店因羽绒服销售火爆而备受关注，公司也相应增加了对 A 店的羽绒服配发。随着 12 月寒冬的正式来临，在人、货、场三方面的保障下，A 店的羽绒服销售额迎来了爆发式增长。

最终，在小张的统筹下，门店业绩同比增长 50%，羽绒服销量更飙升了 80%。12 月的门店业绩接近 600 万元，其羽绒服销量在公司的全国连锁门店中名列第一。门店的每位员工都因自己的努力获得了丰厚的报酬。

由上述案例可知，小张在提升业绩时聚焦爆款品类，通过做好人、货、场三方面的保障工作，实现了羽绒服这个品类的持续热销，从而带动了整个门店业绩的飞速增长。

打造爆款品类的小技巧

如果你不确定哪些是爆款品类，不妨看看你的竞品门店主推什么，以及它们的商品销售排名。你还可以翻翻小红书和淘宝，找出现在你所在赛道的爆款品类是什么。

当你精心挑选了热销商品或品类，并巧妙运用各种资源将其打造成爆款时，门店的业绩提升就会轻松实现。在接下来的两章中，我们将从时间维度拆解营业额的构成，探寻门店在不同时间节点上实现业绩腾飞的机会。

第 7 章

一周的管理这样做，生意越来越好

"找茬"专栏

一家鞋包配件店的店长想提升业绩，但是不知道机会点在哪里。店长 A 在平时只会监督大家改进服务、做好陈列，员工都照听照做却没有任何成效。

有一天新来的区域经理进店巡检，听了 A 的反馈后没有多说，而是提醒 A 从数据里"找茬"。A 很委屈，表示自己每天都看报表，门店的业绩还不错，只是似乎没什么提升业绩的机会点。

区域经理笑了笑，拿出一张门店最近 12 周的日均销售数据报表（见表 7-1）给 A 确认。A 才注意到，原来还有这么一份报表，其中隐藏着很多可提升业绩的机会点。如果你是店长，你能在表 7-1 中找出门店有哪些问题呢？

表 7-1　某门店最近 12 周的日均销售数据

时间	周一	周二	周三	周四	周五	周六	周日
营业额占比（%）	10.1	12.1	13.3	13.3	17.6	17.1	16.5
客流量（人）	600	550	650	610	790	1010	980
成交率（%）	10.2	12.8	12.1	12.5	12.6	10.1	10.2
客单价（元）	751	779	770	790	800	760	750
件单价（元）	417	371	385	376	400	422	441
客单数（单）	61	70	79	76	100	102	100
连带率（件）	1.8	2.1	2	2.1	2	1.8	1.7
营业额（元）	45937	54849	60561	60207	79632	77487	74970

一周营业额＝周一营业额＋周二营业额＋…＋周日营业额

这个公式巧妙地将一周的营业额细化为一周内每天的营业额。之所以如此拆解，是因为在门店运营中，除了日常的数据分析，周度闭环管理同样至关重要。你只要深入观察一段时间的数据就会惊奇地发现，每周的数据中蕴藏着许多共性特征。这些共性特征就像隐藏在数据背后的"秘密宝藏"，很可能是影响业绩的关键"茬口"，也是我们提升业绩的重要机会点。

7.1　每周这样循环，门店越干越好

零售管理的世界里存在形形色色、大小不一的循环，它们如同时间的车轮，周而复始地转动。有些门店能在这些循环中不断向上攀登，业绩蒸蒸日上；有些却仿佛陷入了泥沼，停滞不前，甚至有时还会出现倒退。那么，如何才能让这些循环持续不断地推动门店向前发展呢?

答案就在于建立标准工作流程。只有当所有工作都井然有序、可复制时，我们才能确保每一次循环都能带来正向的积累。同时，管理者还需要在循环中不断"找茬"，发现问题，优化流程。零售门店的工作流程如图 7-1 所示。

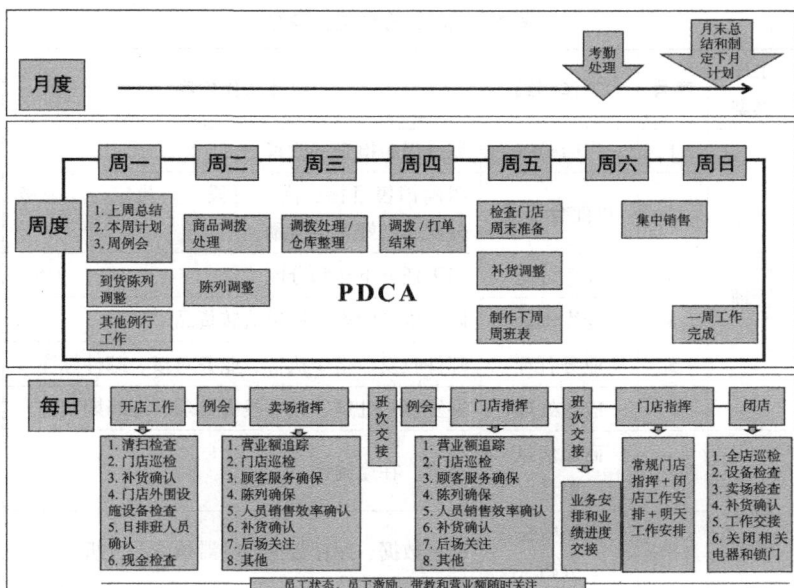

图 7-1　零售门店工作流程

图 7-1 展示了一般零售门店的周间、日间工作流程(不同门

店之间会有所差异）。门店通常会在一周之初对上周的工作进行总结，并为本周制定详细的计划。随后，团队会在周中按照计划执行并处理各类事务性工作，如商品调拨、陈列调整等。周末则是团队大展拳脚、全力迎接高峰客流量、开展销售的大好时机。

再来看店长的日常工作清单，如表 7-2 所示。我们不难发现，要管理好一家门店，日常工作中确实存在许多琐碎的事情。但只要我们做好计划，不断改善管理工作，就一定能够实现团队的共同成长和业绩的稳步提升。

表 7-2　店长日常工作清单

工作类型	序号	工作明细	具体工作内容
值班管理	1	门店检查	完成门店检查并改善
	2	班前会管理	明确销售目标、高峰时段、人员定位、业务分配，做好人员激励
	3	任务分配	当天任务下达和分配
	4	仓库确认	确认货品状态，快速流转货品
	5	业务管理	邮件收发、指令执行、业务对接、邮件标注
	6	应急处理	突发事件处理、顾客投诉处理、高峰期调整
商品管理	7	商品信息确认	来货、在途确认
	8	商品数据分析	销售数据、库存数据、畅滞销情况分析
	9	促销管理	促销商品确认和管理

（续表）

工作类型	序号	工作明细	具体工作内容
销售管理	10	商业分析	商圈情况、竞品分布情况、竞品业绩分析
	11	客流量分析	主要客群组成、客群覆盖范围、顾客黏性、品牌传播度分析
	12	零售数据分析	销售额、达成率、连带率、客单价、成交率、平均单价、客流量等数据的分析
	13	销售计划制定和执行	早晚班目标拆分，月度目标进度管理，大型促销、节假日销售计划制定与执行
人员管理	14	排班管理	合理排班，制定日常出勤标准，明确加班申请流程
	15	兼职管理	兼职员工招聘、兼职员工排班管理、兼职技能培训、兼职转正提升
	16	入职管理	员工面试标准制定、入职流程管理、员工带教管理
	17	离职管理	进行员工离职面谈，管理离职流程
	18	考勤管理	定时进行考勤数据管理，制作工资表
	19	人员沟通	安排人员定期面谈，管理面谈后制定计划并实施
陈列管理	20	陈列规划	定期进行卖场陈列规划制定和实施陈列调整
	21	陈列检核	陈列检查并改善
培训管理	22	培训计划制定	月度培训计划制定，个人培训发展计划制定
	23	人员培训	各职级人员培训计划执行
	24	评价	建立内部人员评价标准，定期实施员工考核与评价
	25	任务下达与验收	分配工作任务，建立验收标准

（续表）

工作类型	序号	工作明细	具体工作内容
其他业务	26	采购管理	定期进行所需物资购买
	27	工程管理	固定资产管理，日常工程问题维修流程管理，维修验收管理，门店年检实施
	28	文件管理	门店文件存档，常用表格工具管理
财务管理	29	现金管理	收银台日常结算，门店现金存款管理，销售资料管理
	30	发票管理	发票开具
	31	租金管理	门店租赁费月申请，门店租金账单处理，租金发票领取
	32	公共关系处理	物业沟通，商场对接
	33	报销管理	报销操作标准制定，门店报销金额管理，报销单据管理

7.2 关注周计划的 5 大维度，生意有保障

确保门店的一周生意兴隆，制定周计划是关键。许多管理者在制定周计划时总会感到棘手，担心计划不够详细或抓不住重点。别急，关注周计划的 5 大维度（见表 7-3），你的生意规划将既全面又有条不紊！

表 7-3　周计划的 5 大维度

维度	内容
市场推广和顾客运营	确定本周的促销计划及如何落实：促销主题、促销商品、活动形式及门店如何落实等
	制定本周与顾客运营相关的规划：会员运营规划和私域运营规划等
	结合天气、节假日、物业活动确定本周推广重点
商品管理和流通	了解总部商品企划：本周新品到货数量及时间等
	把握本店商品情况，包括周转、售罄、断码等数据，结合下周业绩计划与总部沟通货品调整方向
	确认本店仓库情况，制定仓库管理和提升计划
门店视觉和陈列	根据总部计划和本店实际制定本周的视觉调整计划并落实，包括橱窗、宣传画等的调整
	结合门店销售数据，以及市场需求和相关信息，进行门店的陈列调整
	确认门店各方面的视觉表现，以及下周调整内容和需求物资
	制定门店陈列改善计划并实施
运营体制	制定确保达成营业额目标的周工作计划并实施，包括周班表、日班表和相关工作实施计划
	制定并实施激励措施，增强全员的目标感和协同配合能力
	针对门店的待提升点，制定计划并落实
人员管理	选人：确认是否有人员空缺，是否有补入计划及补入来源，实施补入计划
	用人：合理安排人员工作，并进行授权和检核管理
	育人：制定并实施个人和团队培训计划、围绕主推商品和活动的培训计划、人员晋升计划
	留人：进行人员关怀，安排人员面谈
	淘汰：确认人员状态及是否实施汰换计划

制定工作计划的小技巧

> 门店管理者在规划工作时，除了想哪些任务要完成，也可以反向思考哪些工作可以省去，或者哪些地方可以做得更轻松，从而帮助团队成员减负，避免团队成员忙得团团转，结果却不尽如人意。

7.3 开好周会是"打胜仗"的前提

对于周会，不会开的人在"念经"，会开的人在聚力。

很多年前，我在一家全球领先的零售公司担任初级门店管理者。最初，我所在的这家门店的状态非常差，许多员工都在混日子。但随着一名新店长的到来，整个团队很快发生了正向变化。这名新店长采取的最有效的对策之一，就是每周一带着我们几个管理者开周会。

第一次开会，大家都以为是念数据、走形式。可是，这名新店长不一般，他带着我们深挖数据，教我们怎么看问题、怎么找机会点。这样一来，大家都觉得眼前一亮，开窍了！在那一周，整个团队的配合度非常高，向心力特别强。

第二周开会前，我们几个管理者都抢着提前准备会议内容，生怕落后。这样的周会开了一个多月，大家工作越来越得心应手，自主性越来越强。而且，因为每个人都有很强的参与感，所以大家对计划的执行落实都很负责。这家门店很快从全国倒数做到了排名全球前四。我特别清楚地记得，当我们取得这个成就时，大家都喜极而泣。

再往后，我自己当店长了，开好周会也是我做好团队管理的不二法门。不论有多忙，每周一下午，我都会带着几个核心管理者用 2 小时复盘上周工作结果，讨论本周工作安排。

周会不仅用于数据汇报和任务分配，还可以用于团队共识和人员激发。它可以反映一家门店的运营状况，决定了团队的凝聚力和战斗力。然而，仍有很多团队将周会流于形式，这无疑是对时间和资源的浪费。

管理学有一个著名的理论——PDCA 循环，而周会正是这个循环中的关键环节。PDCA 分别代表计划（Plan）、执行（Do）、检查（Check）和行动（Action），它告诉我们如何科学地管理工作，确保持续进步，如图 7-2 所示。周会正是我们验证上周成果、制

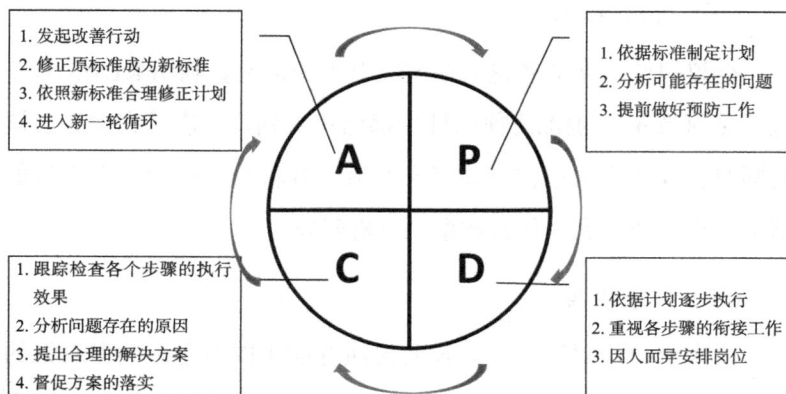

图 7-2　PDCA 循环原理图

定本周计划并与关键管理者达成共识的重要时刻。只有真正重视周会，我们才能确保团队的目标一致、行动统一，共同实现进步。

怎样开好周会呢？掌握以下 7 个关键点能让你的周会变得更加高效和有趣。

（1）充分准备

在开周会前，每位参会者都应像运动员在赛前热身一样，充分准备，回顾上周的计划执行情况和结果，找出亮点和不足，并针对性地制定本周计划。切记，不要到了会议现场才匆忙查看数据，那样只会浪费大家的时间，而且讨论也难以深入。

（2）店长领航

店长作为周会的主导者，需提前规划本周的行动路线，明确本周的工作方向和重点，并协调各个团队和管理者，确保会议能够顺利、有序地进行。

（3）回顾与培训

会议伊始，参会者先简单回顾上周的情况。利用 KLMS 复盘包（见附录 3），确保之前的计划都已执行到位。店长在主导会议的同时，要激发大家进行思考和交流，并将会议作为一个宝贵的培训过程，教大家如何看数据、分析问题。

（4）对策落实

当大家讨论对策时，店长要扮演好舵手的角色，确保对策的可行性。同时，店长也要和大家探讨可能遇到的挑战及应对措施，确保对策的顺利落实。

（5）遵循 SMART 原则

对策的制定要符合 SMART 原则，即具体（Specific）、可衡量（Measurable）、可实现（Achievable）、有相关性（Relevant）和有时间限制（Time-bound）。例如，与其笼统地要求"下周门店要全面提升服务水平"，不如具体为"下周每位员工每天至少递送 15 个购物袋"，这样每个人都有了明确的目标。

（6）团队与人员关怀

除了讨论业绩，店长还要留出时间关心团队和人员，了解他们的状态。这有助于统一核心管理团队对员工的管理方向，增强团队的凝聚力和向心力。

（7）行动计划与追踪

周会结束时要形成一份可以落实的行动计划，明确责任人、负责项目和预期结果。之后，店长要每天对照这份计划追踪实际的执行情况，如有异常，就及时调整。

高效开展周会的小技巧

- 参会人数不要过多，核心管理者参与即可，每个人在自己主导板块的讨论时间不应少于 15 分钟。
- 店长在会议中应当多给大家鼓励和正向反馈，以及引导大家发言，营造积极的会议氛围。

7.4 员工连轴转却没成效，"人机物法环"打造高效团队

为了向顾客提供更优质的服务，同时实现降本增效，零售业的从业者始终在追求更高的效率。作为门店的掌舵人，我们如何提升员工的工作效率呢？

我们可以借助"人机物法环"这个模型寻找抓手。这个模型源于全面质量管理理论，它包含 5 个要素：人员、机器、物料、方法、环境，如图 7-3 所示。

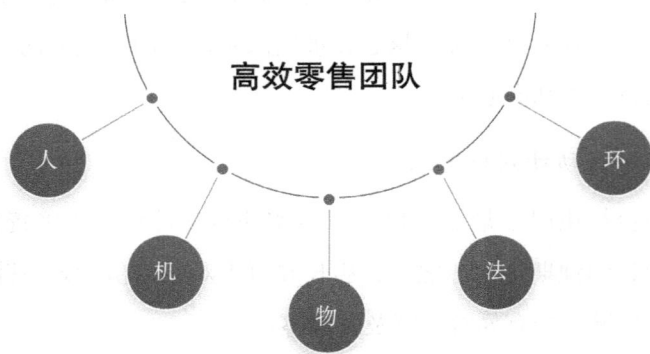

图 7-3　打造高效零售团队的 5 个要素

7.4.1　做好人员安排，速度提起来

（1）排好兵、布好阵，效率就能提起来

要想赢得一场战争的胜利，主帅在战前的排兵布阵特别重

要。对于门店运营，管理者同样要提前做好人员安排，这里主要指做好排班。排班作为管理者的一项重要工作，直接关系到团队的出勤和效率。科学地排班，能够最大限度地避免时间浪费和目标模糊，使效率得到显著提升。

那么，如何科学地排班呢？

第一，预估业绩和客流量，精准把脉。

结合历史数据、近期表现及环境变化等因素，我们对业绩和客流量进行精准预估，确保排班方案贴合实际。

第二，关注客流量高低峰，灵活应变。

客流量的高低峰如同潮汐般起伏，我们需要密切关注并灵活应对。以商场门店为例，夏天的高峰期常常出现在晚间，这时我们需要增加晚班的人员配置；而到了冬天，随着气温的下降，高峰期可能会从晚上逐渐转移到下午，此时下午的出勤人员也要相应增加。

第三，关注业务量与所需人员数量，精准匹配。

排班前，我们要精准计算当天的业务量，并确认每个业务环节所需的人员数量，让每个岗位上的人员充分发挥其作用。

第四，明确任务，责任到人。

一份优秀的排班表不仅要合理安排员工的上下班和休息时间，更要明确每个人在每个时段的工作任务和目标。这样，管理者就能更精准地把握员工的工作状态，实现更高效的管理。

通过以上4个步骤，我们能够制作出一份科学合理的排班表，为门店的顺畅运营提供坚实保障。

（2）技能提升，培训、实操、考核三驾马车并驾齐驱

在提升员工技能时，管理者需要确保培训、实操和考核三驾马车并驾齐驱。培训不仅是传授技巧，还需要注重点燃员工的工作激情；实操是让员工在实战中历练成长；而考核则是确保技能提升的关键，员工需要获得成就感，从而不断进步。

（3）任务下达，先"说清"再"检核"

门店管理者在分配任务给团队成员时，一定要清晰明确地传达信息，包括明确的时间限制、标准及具体的操作步骤。例如，相比"把卖场 A 区域整理好"，更具体的指示可以是"半个小时内将卖场 A 区域的商品整理得井井有条，确保所有展示道具对齐摆正，吊牌全部整理好"，后者更容易让员工明白管理者期望的结果。

但是，仅有明确的指示还不够，管理者需要在任务执行过程中和结束后进行检查。如果缺乏监督，员工可能不会完全按照要求执行。长此以往，员工对管理者指示的执行率也会逐渐下降。因此，定期检查员工的工作进度，并在任务结束后进行总结，不仅能让员工感受到管理者的重视，还能让其在反馈中提升能力。

（4）质量管控，工作不白干

在零售工作中，由于各种原因导致的重做现象屡见不鲜。我注意到，很多门店在调整陈列时常常出现返工现象。这往往是因为员工在调整过程中没有深思熟虑，边做边想。因此，我强烈建议管理者在出现重做或返工现象时深入分析原因，帮助相关员工

明确目标、具体要求和实现路径，避免浪费。

7.4.2　用好机器，实现高效工作

门店里各式各样的机器是我们工作时的得力助手。然而，如果运用不当，它们也可能成为我们提高效率的障碍。因此，管理者应当全面审视门店的每一个工作流程，从早到晚，从内到外，仔细梳理每一个涉及机器的环节。特别要注意那些对效率有重大影响的机器，管理者应思考是否有优化其使用方法的可能。

例如，收银机是否经常因为操作烦琐或卡顿而让顾客久等？盘点枪的操作是否便捷，其电池续航能力是否足以支撑日常工作？扫地机是否经常因为故障或清扫效果不佳而需要人工补救？

在这里，我特别想强调的是对讲机这个看似普通却非常重要的工具。对于面积超过 200 平方米的门店，为出勤的员工配备对讲机是非常必要的。这样，员工们就可以避免通过喊话或走动来沟通，大大提高了工作效率。

我见过一家两层楼、面积为 500 多平方米的服装店，其员工使用对讲机简直达到了炉火纯青的地步。虽然店内只有 7 名员工，但他们却能通过对讲机迅速、有效地交流信息。例如，门口的员工可以通过对讲机告诉试衣间的同事："来了一对看起来非常恩爱、年轻时尚的情侣，你们可以推荐一些年轻化的商品给他们。"试衣间的同事则迅速回应："好的，男装区的同事，请帮我们找找有没有可以搭配成情侣装的商品。"这样的高效配合不仅提升

了工作效率，还促进了业绩的增长，更让门店的氛围变得活跃。

7.4.3　选择合适的物料，员工操作方便又省事

物料是指工作中需要的物资材料，它们可能是收纳整齐的清洁用品、得心应手的操作工具，或者精心陈列的道具。在门店的日常运营中，物料至关重要。

门店的工作琐碎而繁杂，收货、出货、陈列的调整、仓库的整理都是不可或缺的环节。而在这个过程中，物料的选择能够极大地影响工作效率。例如，一辆带轮子的拖车或工具箱能让员工在搬运货品时事半功倍；一个坚固耐用的纸箱则能确保货品在运输过程中的安全，减少因纸箱破损而带来的额外工作。

门店的清洁工作同样不容小觑，清洁用品的选择直接关系到员工的工作效率和门店的整洁度。如果面积大的门店配备了小垃圾桶，员工就需要频繁地往返于垃圾桶和垃圾站之间，这无疑会浪费大量的时间和精力。对于面积小的门店，扫地机器人可能是一个不错的选择，但对于面积大的门店来说，一个宽大的平面拖把则更实用。此外，不同的货架也匹配不同的清洁用品。例如，窄货架可能更适合用小巧的静电刷打扫，而开放式的货架则可能需要一把大鸡毛掸子拂去灰尘。

因此，选择合适的物料不仅能让员工在工作中更省力，还能提升门店的整体运营效率。

7.4.4　找对方法，巧用工作"加速器"

"人机物法环"中的"法"是指各项工作的方法、流程。当方法得当、流程合理时，团队的协作能力便能显著提升，效率自然水涨船高。反之，如果方法不当、流程混乱，员工便可能陷入重复工作的泥潭，团队的协作能力也会大打折扣。

在探寻最佳方法时，管理者可优先聚焦于日常工作中重复次数最多或耗时最长的任务，深入思考如何提高其完成效率。以收到整箱商品后的处理为例，与其让员工边拆边整理，不如鼓励他们一次性拆掉所有商品的包装，再进行分类整理，这样往往能事半功倍。又或者在整理商品细节时，直接手持商品操作往往比将商品拿到整理台上操作更方便。

那么，如何实现流程的优化呢？

管理者应当将门店的流程性工作视作生产流水线上的精细操作，进行细致的拆解与重组。通过拆解复杂的流程，找到其中的瓶颈和冗余环节，再进行优化组合，便能显著提升各个环节的衔接效率和整个流程的运行速度。

以门店收货流程为例，在拆解前员工的操作顺序和耗时可能各不相同。有时员工忙着拆纸箱、收货，但做着做着却发现没有人确认哪些商品可以立即陈列出售，于是有人不得不停下来确认，而其他人则只能在一旁等待，这无疑造成了时间的浪费。然而，经过拆解重组后，门店收货流程可以变得清晰、高效，大幅提升了工作效率，如图 7-4 所示。

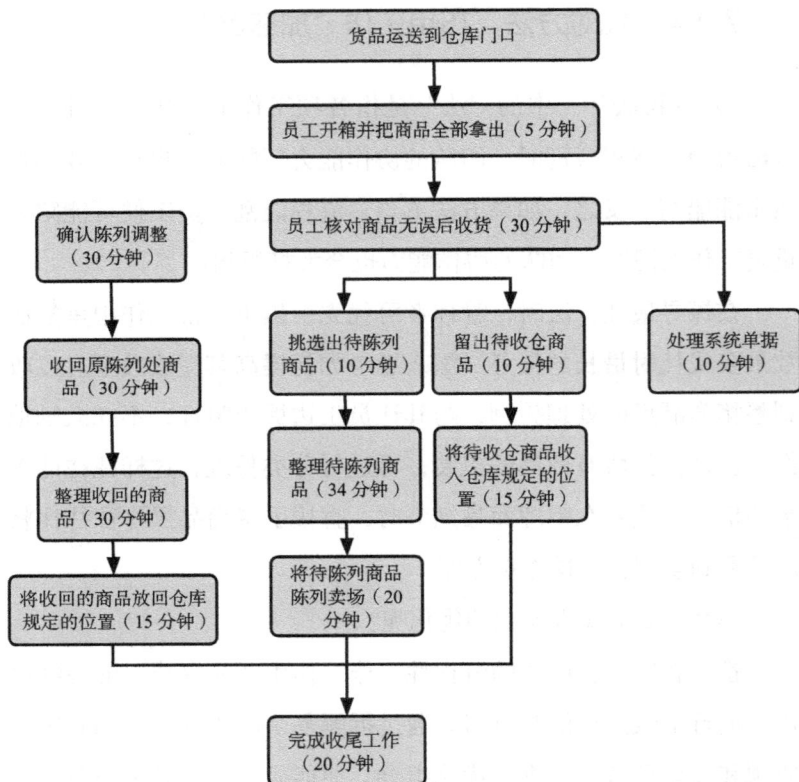

图 7-4　门店收货流程拆解图

如图 7-4 所示，经过拆解的流程清晰明了，管理者可以根据流程图给员工分配工作任务和明确目标。每个人按照流程图逐一操作，整个流程就能有条不紊地往下推进。

值得注意的是流程图里有每个步骤的用时目标，这是需要门店管理者根据每个步骤里单位工序的标准时长制定的。例如，平均整理一件商品的时长乘以需要整理的商品件数，即可得到完成该步骤的目标时间。

计算出每个步骤的目标时间，汇总即可得到整个流程的总目标时间——259 分钟。围绕这个目标，所有员工都可以清晰地协同工作了。

7.4.5　打造好环境，助力员工高效工作

"人机物法环"里的"环"是指环境。打造助力员工高效工作的环境有两个关键点。

（1）给物品找一个合适的"家"

我们都曾有过这样的体验：当一件物品有了固定的"归宿"，每次使用时都能迅速找到，无须再绞尽脑汁地回想上次放置的位置，也不必在繁杂的物品中费力挑选。这种高效的物品管理方式，正是通过给物品找一个合适的"家"来实现的。

在物品定位的过程中，有一个至关重要的原则——有利于用户，即所有物品的摆放都要以用户使用便捷为出发点。物品的摆放位置还需充分考虑其用途和用户的习惯，使其易于取放，从而节省时间，提高工作效率。

给物品找到"家"后，我们还需要为它们做好标识。这些标识如同物品的"身份证"，能让我们迅速了解物品的相关信息。门店中常见的需要做标识的有仓库中的货架、办公室里的抽屉、收纳物资的箱子等。

图 7-5 是一家文具店的货柜布局图。由于商品调整频繁，员

工时常难以迅速定位商品。因此，门店采取了创新措施：绘制区域地图并标注清晰，同时在货柜边缘（顾客视线之外）设置标识。这样，员工便能迅速找到所需商品，大大提高了工作效率。

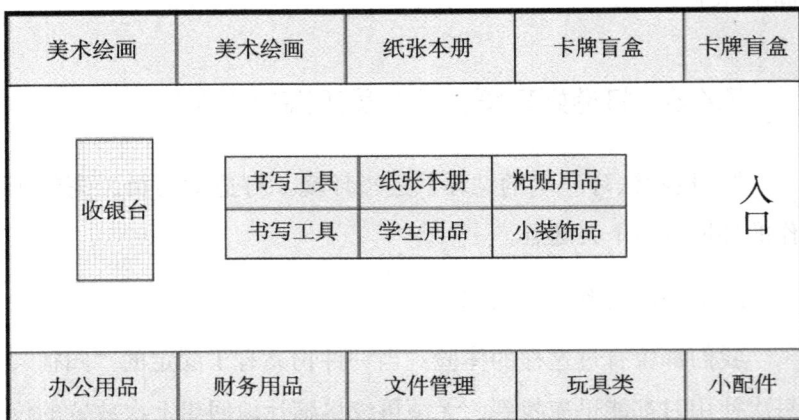

美术绘画	美术绘画	纸张本册	卡牌盲盒	卡牌盲盒

收银台	书写工具	纸张本册	粘贴用品	入口
	书写工具	学生用品	小装饰品	

办公用品	财务用品	文件管理	玩具类	小配件

图 7-5　某文具店的货柜布局图

（2）目视化管理：看到即知道

在日常生活和工作中，我们依赖五感来感知周围的世界，而其中最直接、最常用的就是视觉。在门店管理中，强调目视化管理，就是要让各种管理状态、方法清晰明了，达到一目了然的效果，从而使员工易于理解、便于遵守。

目视化管理的形式丰富多样，如形迹管理、颜色管理、标牌管理、看板管理等。管理者可以通过线条、颜色、标牌、看板等载体直观地传达管理信息，让自己的要求和意图一目了然，从而推动员工实现自主管理、自我控制。

目视化管理可以分为 3 个层次。

- 初级层次：通过标识明确显示当前的状态。
- 中级层次：不仅能显示状态，还能判断状态的优劣。
- 高级层次：不仅能判断状态优劣，还能指导如何应对各种状态。

在门店管理中，门店的业绩进度管理表、人员培育进度图等都属于目视化管理的范畴。图 7-6 是一家门店电箱中开关的标识照片。在一天的运营中，员工需要对这些开关分别进行三次开启、两次关闭、常开和常关的操作，避免一次全开造成的电力浪费。照片里不同颜色和不同文字的标识就可以很好地提醒员工什么时候应该怎样操作这些开关。

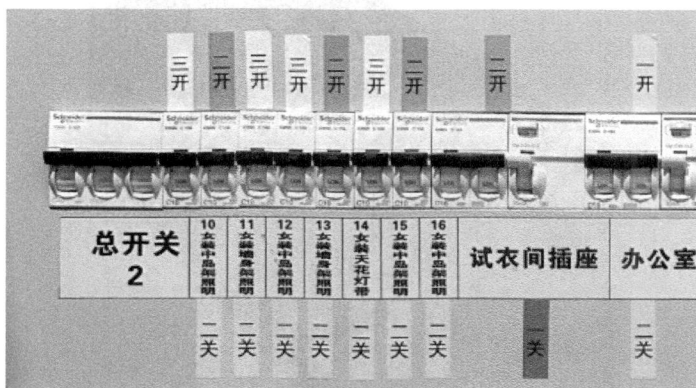

图 7-6　某门店电箱中各开关的标识

我们在餐厅点菜后，服务员通常会在餐桌上放置一张点菜单。每当一道菜上桌，他们就会在点菜单上划去相应的菜品名称。然而，当餐厅变得繁忙，服务员穿梭在各桌之间时，可能会忘记某一桌的菜品是否已上齐，这时就不得不一次次走到餐桌前核对那张点菜单。

面对上述问题，陶陶居的做法则显得尤为巧妙。当某一桌的菜品上齐后，服务员会将点菜单合上，如图 7-7 所示。这个小小的举动让所有员工无须走到餐桌前，从远处看一眼就能知道菜品已经上齐，因而大大提高了工作效率，也减少了对顾客的打扰。

图 7-7　陶陶居的点菜单夹子

在提升门店工作效率时，除了关注"人机物法环"，我们还需跳出局部看整体,识别并解决对整体起制约作用的关键问题。例如,即使制定了完善的陈列流程和时间表,如果搬运工具不足或电梯使用时间受限,都可能影响工作效率。因此,我们需要全方位考虑,确保每个环节都能顺畅运行。

综上所述,通过"人机物法环"这个模型,我们可以归纳出提升员工工作效率的有效方法。这些改善措施虽然看似微小,但正是这些点滴积累推动了整个流程的不断优化和效率的持续提升。这正是零售管理的精髓所在——不断在现场优化改善,精益求精。

提升员工工作效率的小技巧

- 除了上述各类提升工作效率的方法,管理者也可以通过合理缩减编制、前置工作完成时间等要求反向刺激员工提升工作效率。
- 在提升员工的工作效率时,管理者要特别注意推进的节奏和方式,避免员工产生抵触情绪。

7.5 客流量高峰期业绩轻松上涨的 6 大诀窍

让我们先探讨一个问题:一家门店在客流量高峰期提升业绩是否比在低峰期更容易呢?

答案是在客流量高峰期提升业绩更容易！因为在高峰期，门店的客流量大。但是，由于人手紧张、商品库存不足、维护不及时等问题，许多门店往往难以充分满足顾客的需求，导致成交率和连带率有所下降。这正是门店提升业绩的绝佳机会点！

相比之下，在低峰期，门店客流量较少，员工有更多的精力和时间提供优质的服务，维护卖场环境。因此，各项关键绩效指标往往表现较好，提升业绩的机会点相对有限。

那么，门店在高峰期该如何克服种种挑战，提升业绩呢？接下来，我将从 6 个方面梳理在高峰期提升业绩的方案。

7.5.1　业绩预测，赢在起跑线

在门店冲业绩之前，有一项至关重要的任务需要完成，那就是预测业绩。做好业绩预测就像在赛前做好热身运动一样，能让我们在接下来的比赛中更加游刃有余。

为了更精准地进行行业绩预测，我们可以借鉴多方面的信息，如去年同期门店的业绩、最近一段时间的业绩、天气情况等。只有更精确地预测业绩，我们才能进行更周全的货品储备和人员调配。

例如，去年"五一"期间，某门店的日均销售额是 10000 元；今年门店呈现出 10% 的同比增长态势；同时，今年"五一"期间阳光明媚，适合出行。结合这些信息，门店管理者预测今年"五一"期间日均销售额有望达到 12000 元。

围绕业绩预测目标，管理者才能做好其他准备。例如，相比去年同期，今年的备货量需要增加 15%，以确保货源充足；特别是某主打品类，更需要额外增加 500 件库存，以满足市场的旺盛需求；此外，去年"五一"期间卖场员工的短缺问题值得重视，为了避免重蹈覆辙，应额外招募一名员工，以确保在高峰期能够为顾客提供更加周到、细致的服务。

7.5.2　营销发力，业绩倍增

门店管理者需巧妙借势各类活动，包括公司自办和门店所在商场开展的活动，让门店在高峰期的营业额实现倍增。

（1）提前洞察，借势而为

至少提前一周探察"军情"，向你所在商场及周边门店了解最近是否开展活动。一旦发现相应的活动，如商场即将开展全场满额抽奖活动，你便可迅速行动，在你的会员顾客群体中预热，让他们知道来你的门店购物也可参加同样诱人的抽奖活动。

（2）多渠道推送，宣传爆款

你可以通过各种渠道推送活动信息和爆款商品的亮点，加大对爆款商品的宣传力度，提前在顾客心中种下购买的"种子"，这样他们更容易在高峰期进入你的门店并购买。如果你能根据顾客偏好进行精准推送，那么效果更佳，但这需要你对顾客信息有深入的掌握。

（3）设计活动，精准出击

为了实现高峰期的业绩提升，你可以策划满赠、满减等多种活动刺激消费，提升转化率或客单价。但请注意，活动的开展频次和开展方式需恰到好处，避免不合理的折扣损害门店形象和降低毛利率。

（4）营造紧迫感，激发购买欲望

使用限量销售、限时优惠等方式，如"限量 100 份，售完即止"或"每天前 ×× 名顾客专享优惠"，可以营造紧迫感，激发顾客的购买欲望。

（5）打造氛围，吸引注意

门店入口处的海报、橱窗和店内各种宣传物等经过精心设计，都能有效吸引顾客注意。同时，员工的口头推荐也不容忽视，他们的热情推荐往往能达到事半功倍的效果。

（6）组建异业联盟，实现资源共享

如果附近有与你的客群交叉的门店，你不妨与其组成异业联盟，实现资源共享。例如，一家鞋包店可以与附近的首饰店联名推出互惠活动：首饰店的顾客消费满额后，可以到鞋包店免费享受一次鞋包护理服务及获得优惠券；而鞋包店的顾客消费满额后可以在首饰店享受会员折扣等优惠。这样，双方都能从对方的客流量中获益，实现共赢。

7.5.3　卖场准备：高效运转的秘密

高峰期的卖场如同战场，陈列、动线、道具等都需精心策划。因此，门店在高峰期到来之前必须做好万全准备，以实现业绩的飙升。

（1）应时而变，调整布局

门店需根据天气和商品的畅销与滞销情况适时调整卖场布局，在高峰期前给顾客焕然一新的感觉，让每一次购物都成为全新的体验。

（2）热销品前置，一目了然

将热销品和潜力商品置于最显眼的位置，并配合道具、宣传画展示，让顾客一目了然，轻松找到心仪的商品。

（3）自助购物，便捷至上

陈列方式、指引广告牌、展示物和模特等都要以顾客自助购物为中心，减少高峰期顾客对员工的依赖。例如，橱窗中和为模特搭配的商品应就近放置，让顾客被吸引后能迅速找到商品，同时确保这些商品型号齐全，避免断码、缺货。另外，将经常搭配销售的品类放在一起，如在零食旁陈列饮料，以便顾客快速选择，提升购买量。

（4）试用准备，体验升级

良好的试用体验是促成购买的重要因素。高峰期前务必检查试用装的状态，确保其数量充足、干净整洁，让顾客有试用的欲望。

（5）增加货量，应对高峰

根据预测的客流量增加情况，提前加大卖场的容货量。例如，原来一个款式陈列5件，节假日前可增加到一个款式陈列7件，避免因为客流量激增造成货架缺货。但请注意，不要过度陈列，进而影响门店的形象或顾客的取货体验。

（6）运用顾客视角，细致巡查

站在顾客的角度，一步步走完整个卖场，参考以下卖场巡查问题清单，不断追问自己。

- 眼前这个位置有吸引力吗？为什么？
- 我还想继续逛吗？为什么？
- 这个位置为什么放这件商品？我想买吗？我会选择搭配旁边的商品一起购买吗？为什么？
- 有没有其他商品放在这里会更好？为什么？

你会发现，平时容易忽略的小问题在顾客眼中可能是大问题。总之，通过细致地检查和准备，为顾客打造完美的购物环境。

7.5.4 商品准备：确保"弹药"充足

在高峰期的号角即将吹响之际，对于门店管理者而言，商品准备工作显得尤为关键。

想象一下，一位顾客在拥挤的门店中穿梭许久才找到心仪的商品，却发现想要的型号已经售罄，而店员又分身乏术。这样的购物体验无疑会让顾客感到失望，进而选择离开。这也是导致高峰期门店成交率下滑的原因之一。

门店管理者不仅要对库存情况了如指掌，还要根据高峰期的预估销售额推算预计的商品销量，从而提前备货以确保库存充足。这不只是简单的数学计算，门店管理者需要对每一款商品、每一个品类进行深入剖析。

例如，某个服装店的整体库存看似高达 8000 件，足以应对即将到来的高峰期。然而，当管理者仔细查看各个品类的库存时却发现热销的针织衫仅有 500 件，而预估的销量却高达 1000 件。面对这样的差距，管理者必须迅速行动，补充针织衫，确保热销商品不断货。

同时，高峰期前的仓库整理和备货工作也不容忽视。管理者可指挥员工划出一片区域，将爆款商品整理成可以直接出货的状态。例如，将衣服熨烫后整齐挂好，为小商品拆掉包装，等等。这样，一旦卖场需要补货，员工就能迅速从这片区域取出商品，确保补货工作的顺利进行。

商品准备的小技巧

- 管理者要重点补充爆款和潜力商品的库存。例如，情人节到来前，超市就要提前补充巧克力、化妆品的库存。

- 为了避免出现超过预期的销售而造成的缺货情况，管理者要做好补货预案。预案内容包括出现缺货时，管理者能确定从哪里快速补货，以及补货路径和周期。

7.5.5　人员准备，其利断金

在高峰期，管理者往往忙得不可开交。虽然业绩喜人，但卖场维护的压力也随之增大，员工似乎永远不够用。那么，如何在有限的人力资源下为更多顾客提供优质服务呢？

（1）精准预估，合理调配

管理者需根据预估的业绩，精确计算所需员工数量。如果员工人数不足，管理者应提前招募或寻求外部支援。同时，管理者要精确预估客流量高峰期，合理调配员工班次，确保高峰期有足够的人手应对。

（2）高峰低峰，服务有别

高峰期和低峰期对员工的服务要求截然不同。在低峰期，员工可以进行一对一甚至多对一服务，为顾客提供全面细致的购物指导；在高峰期，员工则应引导顾客自助购物，并且更加注重维护门店的秩序和环境。

（3）储备兼职，灵活应对

管理者可建立兼职群，为门店储备一支灵活机动的兼职队伍。在需求激增时，管理者可迅速在群内发布用工需求，确保员工人数充足。

（4）提升效率，训练先行

高峰期前，门店应组织员工进行效率提升训练，如高效补货、快速维护卖场的整齐度、及时回应顾客的需求等，确保员工在忙碌的工作中仍能保持高效和专业。

（5）统筹管理，整体把控

管理者在高峰期要发挥统筹作用，根据现场情况灵活调整工作分配和人员安排，时刻关注人、货、场的整体状况，及时发现并解决问题。例如，在货架上的商品稀少时，可以打破陈列标准，快速补货并调整商品布局，确保顾客选购的便捷性。

（6）回顾数据，因时制宜

高峰期的管理要求可能会随着季节变化而有所调整。因此，我建议至少每隔一个月回顾一次数据，找出在高峰期可能出现的问题并提前制定应对策略。这样，门店就能更好地应对不同季节的高峰期挑战。

高峰期管理小技巧

- 很多管理者在高峰期往往选择坐在办公室分析数据，偶尔去门店巡视一圈。但要知道，没有将军亲临战场的军队往往难打胜仗。因此，管理者必须频繁巡场，敏锐地捕捉各方面的问题并迅速解决。同时，管理者也要避免陷入对具体业务或订单的处理中，而忘记自己作为全局指挥官的统筹使命。

- 在高峰期，管理者需要拥有上帝视角，不断调整资源配置，以达到最佳效果。例如，管理者可以设置一个每小时提醒一次的闹钟，闹钟响后便抽出 10 分钟站在高处俯瞰全场，必定能发现诸多隐藏的问题。
- 对于大型门店，提前准备好对讲机至关重要。管理者可以通过对讲机与团队成员保持高频沟通，确保所有员工都保持实时互动，并了解最新的业绩进展。
- 在高峰期，管理者不仅要密切关注各岗位的工作效率，还要准确识别门店业绩提升的瓶颈。以服装店为例，高峰期往往会出现排队试衣的现象。过长的队伍不仅会导致顾客流失，还会影响门店每小时的销售额。因此，管理者可以引导顾客回家试穿，或者增设临时试衣间以减轻排队压力，确保顾客的购物体验和门店业绩都能得到提升。

7.5.6 打破瓶颈，提升高峰期业绩

做好了各项准备，是否就意味着在高峰期提升业绩已经万无一失呢？其实不然，高峰期的业绩提升往往还会受到一些瓶颈问题的制约。

在许多门店的高峰期，现场员工忙得不可开交，如忙于补货、清洁等工作。然而，这种忙碌是否真正促进了业绩的提升呢？在追求业绩提升的过程中，我们不仅要思考能做什么，更要逆向思考，找出制约门店在高峰期实现业绩提升的瓶颈问题。

瓶颈问题即整体中的关键问题，它如同瓶子的颈部，如果没有找到正确的解决方法，业绩便可能被牢牢卡住，无法提升。

5 年前，我的团队在某四线城市开设了一家服装店。考虑到商圈的客流量情况，我们原本预计单日销售额为 5 万 ~ 8 万元，因此在现场只安排了一个班次，约 10 名员工。然而，由于开业活动的成功造势和品牌影响力较大，门店一开业就挤满了顾客。不到 1 小时，业绩就突破了 2 万元，收银台前排起了十几米的长队。可以说，店内是一片混乱，货架缺货，试衣间里堆满了衣物，员工忙得焦头烂额。

面对这种混乱局面，我们迅速调配了其他门店的 10 名员工来支援。但由于他们对卖场不熟悉，实际的工作效率并不高。于是，我们快速调整，从细节中抽离出来，集中力量解决了 3 个瓶颈问题：收银台前排长队、试衣间前排长队和补货问题。

- 我们将收银台前的排队方式从"一字长龙"改为"之"字形，有效削弱了顾客对排队时长的感知。
- 我们积极宣传，鼓励顾客购买后回家试穿，提供为期 1 个月的退换货服务，从而大大减少了试衣间前排长队的现象。
- 我们重新梳理了员工的工作内容，减少了无效工作，增加了补货人员，确保卖场始终有货可卖。

这 3 个关键举措虽未能使门店运营完全有序，但直接打破了限制业绩提升的瓶颈，让门店在高峰期的业绩得以显著提升。最终，这家门店当日的销售业绩高达 25 万元。

从这个案例可以看出，对于服装店而言，高峰期的试衣和收银环节往往是制约业绩提升的瓶颈。设想一下，在节假日的服装店，当你发现试衣间和收银台前都排着很长的队伍时，你是否还会继续购物？很多顾客在这种情况下都会选择离开，导致门店的客流量虽然较高，但成交率却较低。

假设每位收银员服务一位顾客要 1.5 分钟，每单平均价值 300 元，那么每位收银员每小时的产出上限就是 12000 元。如果店内只有一台收银机，那么整个门店 1 小时的业绩上限也就停留在这个水平。即使再多顾客想要购买，也无法提升实际的营业额。

遗憾的是许多繁忙门店的管理者并未意识到这一点，他们仍在忙于整理卖场、推出新款，却忽略了这个瓶颈问题。他们可能不知道，正是这个瓶颈问题限制了整个门店营业额的提升。

对于已经开业的门店来说，在短期内增加收银机数量可能比较困难，但并不意味着无法解决这个瓶颈。我们可以通过以下方法解决问题，确保门店在高峰期能够保持高效运营和取得良好的业绩。

- 让原本竖着排的队伍变成"之"字形，这样从视觉和心理上降低排队对顾客的影响，而且不影响卖场动线。

- 拆解收银员的收银动作，明确标准动作和标准时间，训练收银员按标准工作，提升操作效率。
- 减少会降低收银速度的因素。例如，提前引导顾客注册会员，把收银员需要的物资都放在其最顺手的地方，等等。
- 在高峰期为每位收银员额外配备 1 名辅助操作人员，提升收银速度。
- 增设自助买单机器。

如前所述，试衣间前排长队也是高峰期的常见现象，我们可以参考以下应对方法。

- 优化试衣间前的排队方式。
- 估算和告知顾客需要等待的时间。
- 在门店可能排队的区域附近设置一些用于消磨时间的互动装置或小商品选购区域，这样排队的顾客可以随手翻看，减少焦虑。
- 建立完善的退换货机制。通过宣传画及口头介绍引导顾客买回家试穿，提供为期 1 个月的退换货服务。这样可以减少试穿人数，把试衣变成一个非必要环节。

高峰期提升业绩的小技巧

- 在高峰期，员工就像冲锋陷阵的战士，体力消耗极快。此时，管理者要为员工加油打气，关注他们的状态，确保他们保持最佳战斗力。

- 避免让员工一整天都做同样的工作，可以每隔两三个小时进行岗位轮换。但切记，员工之间的交接工作要做好，确保无缝衔接。
- 在高峰期，为团队或个人设定明确的销售激励目标，如达成目标，团队或个人即可获得奖金、提成等。
- 在高峰期，门店的清洁工作同样不容忽视，最好能安排清洁员全天候维护。同时，管理者也要预先准备好各种清扫工具，确保门店始终保持整洁，为顾客创造舒适的购物环境。
- 在忙碌的高峰期，为员工准备一些小礼品、零食或奶茶等，不仅能给他们带来温暖，还能激发他们的工作热情。

7.6 深挖顾客价值，低峰期变黄金期

在餐饮店的非就餐时段、商场的非周末时段，以及大多数门店刚开业的时段，员工常常只能无所事事地站在店里，盼着顾客的到来。但你知道吗？其实，低峰期是一个隐藏的宝藏，只要我们充分挖掘顾客价值，业绩也能得到提升。

首先，我们要明确一点：门店员工不是简单的推销员，而是顾客的贴心顾问。他们不仅要洞察顾客的需求，更要提供合理的解决方案，帮助顾客解决问题。

在低峰期，员工有了更多的时间与顾客互动。他们可以引导顾客多看、多触摸、多试用不同类型的产品，深入探索顾客的核心需求，从而更精准地满足他们的期望。

同时，我们还可以通过营造场景感吸引顾客。例如，当顾客选购用于照相的手机时，我们可以为他们描绘旅行、纪念日等场景，让他们感受到这款手机能随时随地记录最美的瞬间。这样一来，顾客就更容易将产品与自己向往的生活联系在一起，从而购买产品。

在客流量确实稀少时，管理者可以安排员工整理柜台、整理仓库、参与培训学习或进行情景演练等。这样不仅能充分利用时间，还能提升员工的综合素质和团队协作能力。

当实在无事可做时，管理者也要灵活安排员工下班，把工时留到高峰期使用。毕竟，让员工耗在店里不仅浪费资源，还可能影响员工的士气。

总之，低峰期并非毫无机会，只要我们充分挖掘顾客价值，灵活应对各种情况，同样可以实现业绩飙升！

小时级精细化管理，提升每天业绩

有一家临街便利店，顾客主要来自附近办公楼的白领群体。表8-1是这家便利店的员工出勤表，请看存在哪些问题。

表 8-1 某便利店的员工出勤表

员工	班次	9点	10点	11点	12点	13点	14点	15点	16点	17点	18点	19点	20点	21点	22点
A	早班		出勤				吃饭		出勤						
B	早班		出勤				吃饭		出勤						
C	休息						休息								
D	晚班						出勤			吃饭		出勤			
E	晚班						出勤			吃饭		出勤			
F	晚班						出勤			吃饭		出勤			

营业额 ＝ 小时 1 的业绩 ＋ 小时 2 的业绩 ＋ 小时 3 的业绩……

在上一章，我们如同探险家一般，沿着时间的长河拆解了一周的业绩提升重点。本章，我们将以更加锐利的角度，深入每天的营业时间，探寻那些隐藏在每小时中的销售奥秘。

8.1　藏在小时业绩里的"金矿"

门店每天营业十几个小时，其间的业绩往往像过山车一样，随着客流量和其他各项指标的变化忽上忽下。接下来，我们将一起揭开业绩波动背后的秘密，找到不一样的改善方案。

某快销服装店各时段的平均销售数据如表 8-2 所示，你能从中发现什么有趣的问题呢？

表 8-2　某快销服装店各时段的平均销售数据

时间	销售额（元）	销售额占比（%）	连带率（件）	客流量（人）	成交率（%）	客单价（元）
10 点	1066	1.15	1.71	100	3.2	333
11 点	3522	3.79	1.94	141	6.9	362
12 点	4514	4.86	2.01	170	7.1	374
13 点	5386	5.80	1.92	220	6.8	360
14 点	7185	7.73	1.91	278	7.1	364
15 点	8898	9.58	1.90	310	7.8	368
16 点	9558	10.29	1.90	322	8.2	362

时间	销售额（元）	销售额占比（%）	连带率（件）	客流量（人）	成交率（%）	客单价（元）
17 点	9747	10.49	1.87	300	9.0	361
18 点	9097	9.79	1.86	300	8.4	361
19 点	10038	10.80	1.82	371	7.6	356
20 点	12056	12.98	1.82	362	9.2	362
21 点	10526	11.33	1.89	166	16.6	382
22 点	1318	1.42	2.02	1	296.2	445
全天	92911	100.00	1.88	3041	8.4	365

先讲一个当年我在这家店发现的最大机会点——22 点的业绩。

其实，这家店在 22 点已经关门了。你肯定很奇怪，都关门了，还有什么机会点呢？

仔细观察数据，你会发现虽然 22 点已经闭店，但仍有一定的业绩。尽管这个时段的销售额占比只有 1.42%，但连带率和成交率却异常出色。特别是那高达 296.2% 的成交率令人震惊！

这意味着什么呢？如果有 100 个人在此时进店，竟有高达 290 多人选择了购买商品！其背后的原因是什么呢？

深入门店现场，我找到了两个关键因素。

- 门店的晚班员工为了准时下班，从 21 点开始就不再提供基础服务，而是忙于整理卖场，甚至关闭了试衣间和大门。这导致进店客流量减少，但店内仍有大量顾客在闭店前急于完成购买，从而提高了成交率。

- 许多顾客曾来过这家店，但未决定购买，于是去其他门店比较。最终，在晚上快关门时，他们觉得这家店的商品最合适，便返回购买。这部分顾客目标明确，成交率自然很高。

找到了这些机会点，门店该如何利用呢？

- 既然晚间顾客的消费意愿如此强烈，门店应加强服务和正常接待，确保顾客得到满意的购物体验，从而进一步提升业绩。
- 考虑延长晚上的营业时间，避免过早关闭试衣间，让顾客有更多时间选购商品。这样不仅能提高顾客的满意度，还能带动业绩的增长。

基于以上分析，这家门店采取了以下措施。

- 禁止提前闭店和关闭试衣间，确保在 22 点后才正式关闭。在客流量大的节假日，要等到顾客全部离店后才关闭门店。
- 调整员工的出勤时间，将晚班时间从原来的 13 点—22 点调整为 13 点半—22 点半。同时，对早班员工的午休时间也做了相应的调整。这样一来，员工既能准时下班，又能保证服务质量不受影响。

实施这些措施后的第二年，这家店在 22 点的销售额占比从 1.42% 提升至 1.9%，21 点的销售额占比也从 11.33% 提升到了 11.7%。同时，各项指标也有所提升。这些提升最终转化为全年至少 17 万元的额外业绩。

这就是从"营业额 = 小时 1 的业绩 + 小时 2 的业绩 + 小时 3 的业绩……"这个公式出发，深入挖掘各时段数据中的业绩增长点的魅力所在。只要我们关注门店的客流量、业绩高低峰及关键指标变化，总能找到提升业绩的"金矿"。

利用各时段数据提升业绩的小技巧

- 用好晴雨表。门店在某个特定时间周期内的平均每小时业绩和关键指标是门店运营的晴雨表，需要我们用心解读和剖析。尤其要注意关键指标如连带率和成交率在什么时候特别高和特别低，这些都是隐藏的机会点。

- 选好时间周期。在选择时间周期时，我们需要注意所选时间周期不要过短，也不要过长。如果时间周期太短，我们可能难以发现数据中的共性趋势。而时间周期太长，营业额又可能受到外部环境的诸多影响，如天气变化等。因此，两周到两个月的时间周期通常是比较合适的。

- 注意员工班次交接的影响。在分析数据时，我们要特别留意在不同班次员工交接的时段是否会出现连带率、成交率的波动。如果出现波动，背后可能隐藏着人员安排的问题。例如，员工可能不够熟悉业务，或者交接时的信息传递不够顺畅，都可能导致业绩下滑。

- 监控关键时段。除了员工班次交接的时段，还有几个时段也值得我们重点关注。首先是刚开店的时段，这时员工可

> 能还未完全进入工作状态，客流量和业绩都可能受到影响。其次是高峰期，此时虽然客流量大，但也可能因为服务不到位等原因导致关键指标下滑；最后是闭店前的时段也不容忽视，有些顾客可能会在这个时段进行集中购买，但也有可能出现客流量减少、业绩下滑的情况。

8.2　一天业绩的核心掌控术：值班经理扮演好 7 个角色

在新零售人每天的工作里，有一项工作非常重要，就是值班。值班是指在某个班次里作为门店现场最高负责人对现场进行统筹和管理。有些公司可能会将负责值班的管理者称为"当班"，有些公司称为"代班"，本书统一称为"值班经理"。

值班经理就像门店里的将军，在一个班次内既要统筹门店运营和销售，又要以身作责带动员工，其重要性毋庸置疑。本节将结合值班经理需要扮演好的 7 个角色，帮助大家快速塑造理想的控场人形象。

8.2.1　值班为什么重要

我在职业生涯里去过无数家门店，评估一家门店的管理水平时往往只需要逛现场就能知道个大概。门店在人、货、场方面的状态好不好，与值班经理的关系非常大。门店当天的指标，如连带率、成交率、销售额占比等，说到底都是值班经理值班水平的反映。

说到提升业绩，其实很多门店不缺方法，缺的是员工那份踏实工作的劲头。值班经理就是门店的"定海神针"，能在现场带动、监督、反馈和激励员工实实在在地做好工作。

例如，要让顾客复购，就要先培养私域顾客，很多店长、值班经理都知道，但真正执行时经常犯难，毕竟对于每一单顾客都要邀请加入私域社群。这就需要值班经理持续监控员工的动作，不断反馈和校正。

我在给很多零售企业做咨询时发现，教再多方法，不如安排能力强的值班经理去店里带一带。很多时候，优秀的值班经理到现场带着团队一起，当天门店的业绩涨幅就能超过20%。而这段时间，全店跟着值班经理改善工作方式，将正确的工作方式固化，即使值班经理离开，门店也一定大不一样。

8.2.2　值班经理扮演好 7 个角色，成为门店的"定海神针"

值班经理需要扮演好以下 7 个角色，如图 8-1 所示。

图 8-1 值班经理需要扮演好的 7 个角色

在本节中，我们将重点探讨其中的 4 个关键角色，学习如何成为门店的"定海神针"，取胜于门店现场！

门店指挥官

值班经理就如同战场上的指挥官，需要统筹全局，指挥若定。想象一下，你是一位英明的将军，手握重兵，随时准备应对各种挑战。在商场这个"战场"上，你不仅要确保员工的分工明确，更要让他们默契配合，协同作战。

（1）排兵布阵

要赢得一场战役，首要任务便是排兵布阵。就像在玩"植物大战僵尸"游戏时，我们需要在有限的空地上精心布局，巧妙搭配各种"植物"以抵御"僵尸"的进攻。同样，在门店运营中，值班经理也需要巧妙地将员工和货品安排得井井有条，以应对各种挑战。

每天，门店的货品、场地和人力资源都是有限的。值班经理需要根据预估的客流量，提前精心规划员工的任务和休息时间，确保每位员工都能在最适合的岗位上发挥最大的价值。同时，商品的陈列也需要经过深思熟虑，不仅要让商品吸引顾客的注意力，还要让顾客能够轻松找到所需商品，从而实现销售的最大化。

在面对各种突发情况时，值班经理更需要有果断的决策能力。有时候，从大局考虑，值班经理也不得不做出一些取舍。就像在"植物大战僵尸"游戏中，为了抵御更强大的"僵尸"，我们可能需要铲除一些"植物"，换上更合适的防御型"植物"。同样，在门店运营中，值班经理也需要根据实际情况灵活调整策略，做出最有利于门店的决策。

例如，当客流量较少时，值班经理可以安排员工进行一对一的顾客服务，提升顾客满意度；而当客流量激增时，则需要调整策略，让顾客自助选购，同时让员工专注于维护卖场秩序和及时补货。

（2）上帝视角

想要成为出色的门店指挥官，你必须经常跳出具体的业务，切换到上帝视角来审视全局。什么是上帝视角？这就像在玩"植物大战僵尸"游戏时，你坐在屏幕前能一眼看完整个游戏界面，掌握"植物"与"僵尸"的动向。在门店中，你也需要这样的全局视角，避免被琐碎事务牵绊，进而错失大局。

怎样切换为上帝视角呢？我强烈建议每一位值班经理每小时抽出 5 ~ 15 分钟，站在门店的制高点或核心位置，专注于观察和"找茬"。

例如，我曾经在一家熟悉的门店体验到上帝视角的妙处。当时店内客流量很大，我站在二楼的楼梯上等人，顺便观察一楼的情况。刚开始没看出什么，但看了 5 分钟后，我发现了问题：竟然有近 25% 的顾客进店后没走几步就转身离开了。经过深入观察，我发现是因为门店的通道狭窄，特别是某个转角处，顾客经常被堵住。于是，我立即要求店长调整货架布局，增加通道的宽度。这个改变立竿见影，客流量很快增多，门店的成交率也大幅提升。而对于这么大的问题，原来的我竟然因为陷入具体工作而丝毫没有察觉。

此后，我每次去门店都会设定一个"上帝视角闹钟"，提醒自己抽离业务，观察全局。我也建议各位新零售人立即设置自己的"上帝视角闹钟"，定时定点观察卖场，进入"找茬"模式，让门店运营更上一层楼。

（3）确保活能干好：任务下达和验收

对于值班经理而言，在卖场指挥的过程中，把要求和任务传递给员工，以及确保员工按要求执行业务非常重要。

例如，值班经理给员工 B 和 C 分派任务："早班时，B 要整理一楼卖场，接待顾客，还要推荐爆款；C 则负责清洁一楼，并补货。"

这任务下达得有效吗？员工能按要求完成吗？我认为大概率不行。

为什么呢？因为任务太笼统，没有明确标准、目标和时限，员工很难执行好。

作为指挥官，值班经理除了要会使用上帝视角，还要正确下达与验收任务。关键是任务要具体、清晰、可量化，例如，"这小时至少卖两件商品"，而不是只说"加油做销售"。另外，任务还要有完成时间的限制，如"半小时内摆齐 A 区商品"，而不是只说"摆好卖场"。

任务下达不一定是命令式的，也可以是互动式沟通。例如，问员工："这小时你的目标是什么？为什么给自己定这个目标呢？你计划怎么完成？"任务下达后，值班经理还要追踪进度，随时反馈和指导。但追踪进度不是必要的，也要看任务时长和员工能力。

任务完成后要验收，再给员工安排新任务。打造这个闭环很重要，只有让员工知道你不是随便说说，而是会追踪进度、适时反馈，他们才会更重视你的安排，执行力才会更强。

经营目标责任人

某个周日，一家大型杂货店提升业绩遇阻，业绩目标难以实现。已到 17 点，业绩目标却仅达成 40%。值班经理焦急催促，员工纷纷应承努力，但业绩仍然提升缓慢。

原因是什么？在日常零售中，员工对这类催促或许已经习以为常，单纯靠喊话难以激发员工的动力。业绩不是靠口号堆砌出来的，它需要具体行动和有效跟进。值班经理是门店当天经营目标的最高责任人，他需要通过各种方式带领团队实现经营目标。

值班经理不是"喊话机"，而是业绩提升的"发动机"。他要提振员工士气，想办法提升各项关键绩效指标，如客流量、连带率等。但对策不能停留在表面或喊口号上，要真正落实。例如，客流量不佳时，值班经理可以安排员工到门口发放传单、热情迎宾；连带率低时，值班经理可以组织一场分组竞赛，激发员工的竞争意识和团队合作精神。

同时，值班经理还需要反向思考，敏锐地发现制约业绩提升的瓶颈问题并迅速解决。例如，高峰期货品售罄、陈列混乱等问题都可能导致顾客流失，进而影响业绩。

此外，值班经理还要善用数据来发现问题。每小时跟进各类销售数据，分析客流量、连带率等关键指标的变化情况。一旦发现异常数据，值班经理就要立即深入现场查找原因，并采取相应的调整措施，直至数据恢复正常。

总之，眼里有活，手里有招，业绩自然高。值班经理需要具备敏锐的观察力和较强的行动力，既要正向激励员工，提升业绩，又要反向"找茬"，消除瓶颈，这样才能让业绩真正得到有效提升。

员工士气激励者

门店的团队士气如涓涓细流，需值班经理巧妙引导，才能汇聚成江河，奔涌向前。

行军打仗讲究一鼓作气。士气对于门店日常的"行军打仗"太重要了，值班经理可以采用以下方法激励员工的士气。

- 开一个鼓舞人心的班前会。好多班前会特别无聊，就是分享数据、喊口号。一个鼓舞人心的班前会不能全是数据分析，也不能过度批评员工。适当的互动、激励，甚至有趣的小游戏和段子都可以鼓舞人心。
- 随时反馈，即时反馈。值班经理不要吝啬夸奖，并且一定要表扬得具体，让员工有更强的工作动力。
- 值班经理需要经常向员工强调时段目标，与员工一起想办法达成目标，然后给员工正向反馈。
- 值班现场遇到问题时，值班经理不要将问题丢给员工后什么都不管，而是要及时协调资源，与员工一起解决问题。
- 值班经理可以给员工设置竞争对象，引导员工适当参与竞争。

员工教练

员工教练这个角色常常被值班经理忽视。你是不是觉得值班就是为了更好地卖货？其实，值班还有一个非常重要的作用，那就是培训。培训并不只是抽个时间集中上课这么简单，实际上，值班中的培训更重要且更有效。

现场即课堂，管理即教练。

比起集中上课，在卖场里忙碌时才是培训员工的最好时机。门店现场就像一个大型的训练场，员工在这里可以边做边学，快速成长。

无论是教员工怎么扫地更快、怎么收拾卖场更整齐，还是教他们怎么跟顾客聊天、怎么看数据、怎么调陈列，都可以在现场随时进行。值班经理只要在员工旁边简单点拨几句，效果就非常好。这样日积月累，员工的能力和门店的业绩都能提升。

值班经理要扮演好员工教练这个角色，需要遵循两个核心原则：即时反馈、跟踪反馈。

（1）即时反馈，做员工的全天候教练

就像球场上的教练一样，我们需要随时留心员工的动作和语言，及时给出反馈和建议。例如，当门店开始吸纳会员时，我会去收银台跟收银员一起工作，听他们怎么介绍门店的会员体系、如何说服顾客成为会员，然后与他们一起讨论怎么优化话术。看到有些员工在卖场发呆，我也会走过去跟他聊聊目标、进度，教他怎么在顾客少时做好其他工作。

（2）跟踪反馈，持续助力员工成长

跟踪反馈是指要持续关注团队和员工的提升点，并在值班时给予针对性和持续性的辅导。例如，为了在门店营造热情打招呼的氛围，我会设置一个"跟踪反馈"闹钟，每个小时提醒自己关注其他员工有没有热情地向顾客打招呼。这样坚持一个月，整个门店热情打招呼的氛围就变得很浓厚。

门店现场是最好的学习场和训练场，新零售人必须在实践中成长，在做中学。

除了以上 4 个角色，值班经理还要扮演好门店代表者、工作成果分析人和问题协调员 3 个角色。

- 门店代表者是指值班经理即门店当下的代表，其一举一动都影响门店的形象。值班经理既要能以身作则，也需要在关键时刻挺身而出。
- 工作成果分析人是指值班经理就像侦探一样，要用锐利的眼光审视每一份销售数据和现场的问题，挖掘它们背后的线索和机会点。面对业绩的起伏，值班经理应能冷静分析，找出问题的根源，提出并实施切实可行的解决方案。
- 作为问题协调员，每当门店出现"疑难杂症"，值班经理总能第一时间赶到现场，化身为"救火队长"，迅速平息各种风波。无论是员工之间的摩擦，还是顾客的抱怨，值班经理都能巧妙化解，让门店的氛围重新变得和谐。值班经理就像门店的"万能胶"，把各个角落都黏合得紧密，让门店运营得更加顺畅。

总之，值班经理不仅是门店的管理者，更是问题的解决者，他们的存在让门店更加稳定、和谐。

门店值班小技巧

为了让值班经理更注重以结果为导向，店长应给值班经理设置恰当的挑战目标，并且设置奖励和惩罚机制，引导值班经理关注过程指标，从而更好地达成营业额目标。例如，店长设置当天的连带率目标为 2，达成以后奖励值班经理一杯奶茶；如果没有达成，则需要值班经理写一篇 300 字的行动对策。

8.2.3 开好早会，让员工全天动力充足

每家门店几乎都以一场早会作为新一天的起点。关于早会，我们先分析两个典型的案例。

案例 1

今天，店长的脸上写满了不悦，因为昨天公司来人检查后反馈门店服务不尽如人意。在早会上，店长严厉地批评员工："我已经强调过多次，为何服务还是如此糟糕？为何你们总是不主动与顾客打招呼？我已经反复要求，为何你们还是置若罔闻……"这场训斥如暴风雨般持续了整整 15 分钟。

案例 2

值班经理主持早会，首先念起了昨天的销售数据："昨日销售目标达成率为 90%，实际业绩为 29382 元，差额 3264 元。其中，A 系列的销售目标达成率为 85%，实际业绩为 18489 元，差额 3262 元……"这段数据汇报持续了 10 分钟。随后，他做了 5 分钟的工作安排："今天，小刘负责 A 区域，小李则负责 B 区

域……"最后，他问道："大家都清楚了吗？"员工们齐声回答：
"清楚了。"

这样的早会，你期待吗？

我猜，大多数人都不期待。

那么，这样的早会究竟能达到什么效果呢？其所能达到的正面效果恐怕是微乎其微的，甚至第一个案例中的早会还会产生负面效果。

为何会这样呢？这需要我们理解开早会的初衷：

第一，通过各种方式激发团队的潜能，助力团队更好地实现今日目标；

第二，点燃员工上班的激情，增强团队的凝聚力；

第三，总结过去的得失，并为今日制定明确的计划和明确任务分配。

其中，第一项尤为关键，因为第二项和第三项都是为第一项服务的。

在案例 1 的早会上，店长的负能量如同一场暴风雨，难以激励团队，更不用说引导他们达成目标了；而在案例 2 中，虽然管理者提供了详尽的数据和工作安排，但对于员工来说，这些似乎与他们的关联度不高，因此也难以产生预期的效果。

接下来，我们将从早会主持和早会内容两个方面，探讨如何开一场既有趣又实用、充满干货的早会。

（1）早会主持

- 站位：安排站位绝对是一个技术活。想象一下，大家围成一圈，是不是感觉更亲近、更容易交流？这样的站位使每个人都能看到对方，可以增强互动和眼神交流。

- 言简意赅：主持人讲话时要注意点到为止，每天分享 1~3 个重点就足够了。真正的改变不是靠说的，而是靠日常的实践、监督和反馈。

- 数据与目标：数据分享和目标告知是早会的核心，但别让它们成为"催眠曲"。主持人应用 2~3 分钟快速且明确地传达信息，更重要的是分享目标后别忘了与团队互动，一起讨论怎样更好地达成目标。

- 语气与表情：主持人的语气和表情就是早会的调味料。主持人讲话时要有激情、有活力，就像给朋友讲故事一样。站在镜子前多练习，避免双手交叉抱胸的站立姿势，那样只会拉远自己与团队的距离。

- 观察与互动：主持人在早会中要做一个细心的观察者，员工的表情、眼神等都包含大量信息。如果发现有些员工的参与度不高，主持人不妨开个玩笑、提个问题，或者与他们进行眼神交流，让早会充满活力和互动。

- 正面激励：早会不是负面情绪的垃圾桶。相反，它应该是激励团队的加油站。别让批评和严肃的氛围毁了团队的凝聚力和积极性。主持人应让早会变成一天中最好的开始，让每个人都对今天接下来的工作充满期待和热情。

（2）早会内容

别再把开早会当成例行公事，别让早会变成枯燥无味的"念经"时间。早会应该是一个充满活力、有趣且有意义的时刻，管理者应该抓住以下 4 个早会要点，如表 8-3 所示，让早会成为团队每天都期待的时刻。

表 8-3　早会要点清单

要点	释义
加料	早会内容要多元化，以激发员工的新鲜感和参与热情。例如，主持人可以以一个充满活力和热情的问好作为开场，或者分享一个有趣的笑话、小故事，宣布一些积极的消息，以此增强团队的活力
浓缩	早会的时长应该控制在 10～20 分钟，以避免时间过长导致员工不能集中注意力。在早会前，我建议提前准备好会议内容和开展方式，并确保每个人的发言都言简意赅，最好控制在 30 秒以内，以使会议高效进行
精华	虽然门店运营涉及大量的数据，但在早会上不必过分强调数据。因为大部分员工对数据不敏感，也难以记住过多的数据。因此，我建议挑选一两个关键的昨日追踪结果和今日目标进行分享、讨论，并拆解给每个员工，以便员工能够明确自己的工作重点
丰富	为了增加早会的互动性和趣味性，我建议引入一些活动，如情境服务演练、商品培训、商品整理比赛等。这些活动不仅可以提升员工的技能水平，还能增强团队的协作和沟通能力。此外，偶尔玩一些小游戏也是不错的选择，可以进一步放松员工的身心，提高员工的工作积极性

另外，早会也是特别好的培训时间，管理者可以为每日早会制定培训计划，如表 8-4 所示。

表 8-4　每日早会培训计划表

时间	周重点	周一	周二	周三	周四	周五	周六	周日
第一周	A 产品培训	上周总结	×× 产品培训		找货比赛		情景演练	
	找货比赛		小王负责	小李负责	小张负责	小牛负责	小殷负责	小夏负责
第二周	B 品类销售	上周总结	岗位技能比赛		找货比赛		×× 产品培训	
	技能比赛		小崔负责	小梦负责	小于负责	小玉负责	小沈负责	小王负责
第三周	C 品类销售	上周总结	×× 产品培训		情景演练		待定	
			小张负责	小宇负责	小余负责	小贺负责		
第四周	D 品类销售	上周总结	岗位技能比赛		×× 产品培训		待定	
			小余负责	小殷负责	小张负责	小夏负责		

- ×× 产品培训：2 分钟产品知识介绍 +3 分钟有奖问答 +10 分钟员工演示
- 找货比赛：3 分钟全场走一遍并介绍规则 +10 分钟分组比赛 +2 分钟复盘
- 岗位技能比赛：3 分钟演示操作步骤 +2 分钟员工操作练习 +10 分钟分组比赛

高效早会的小技巧

- 开好优秀案例分享会。早会不仅是管理者为团队加油打气的时刻，更是展示团队风采、凝聚团队精神的时刻。管理者邀请那些业绩突出、表现优异的模范员工分享他们的成功经验，无疑会为整个团队注入更多的正能量。这样的分享不仅能让大家学习到实用的经验，还能激发团队成员的积极性和进取心。

- 打造仪式感。当团队中有新人入职、员工转正，或者某个员工过生日时，管理者应该提前策划，在早会上举办一场有简短仪式的活动。大家的掌声、祝福和赞美不仅能让当事员工感受到团队的温暖和支持，还能进一步增强团队的凝聚力和向心力。
- 庆祝小胜利。当团队取得一些小胜利时，千万不要舍不得庆祝。在早会上举行颁奖仪式、发表感言、邀请领导前来助阵，都能让团队成员感受到胜利的喜悦和产生成就感。这样的庆祝活动不仅能让大家更加珍惜团队的成果，还能激发大家继续努力、追求更大胜利的动力。

到此，本书就介绍完了提升营业额的 6 大公式，它们从 6 个维度深入剖析了营业额的构成。只要能够熟练掌握并灵活运用这些公式，你就掌握了诊断门店营业额问题的方法，能够迅速且全面地定位问题，并针对性地给出解决方案。

然而，纸上得来终觉浅，绝知此事要躬行。我们在应对零售行业的挑战时除了要掌握相应的方法，更要懂得如何将这些方法有效地实施并取得实实在在的成果。本书提及的种种方法并不能让你一劳永逸，而是需要你带着团队在现场一次次实践、一次次调整、一次次优化。

结　语

不断接近"刚刚好"的零售终极状态

　　我常常思考零售业的终极状态。我们在展望未来时往往不可避免地带着当下的烙印，但终局思维却要求我们从未来的市场格局回望现在，以此确定我们的目标和行动路径。

　　前几年，"新零售"概念风头正劲，似乎马上就要颠覆整个零售行业。但实际上，零售的本质始终未变——将商品卖给消费者。新零售就是借助科技、数据或线上线下融合来提升零售效率。

　　例如，过去买日用品要去大超市，现在从天猫超市下单，次日即可送货上门，还更便宜。不仅如此，它还能根据你的喜好推送商品和优惠。如果你急需商品，楼下的便利店就能满足你，还有无人贩卖机随时为你提供服务。

　　购物也不再只是购物。你去购物中心，除了购物，还能享受美食、娱乐，与朋友共度时光。售后服务也更便捷，门店员工会通过微信解决你的问题，推送适合你的商品。

这些场景——线上线下融合、无人售卖、精准推送等，似乎都是新零售的缩影。但是，新零售的核心只有一个——效率提升。无论是价格更低、对顾客需求的理解更准确，还是购物更便捷，都是为了提高效率。

然而，效率提升并非一蹴而就，科技创新和数字化只是加速了这个过程。真正的零售终局并没有明确的界限。我们更应思考，零售业的终极状态是什么，以及如何趋近它。

美团创始人王兴认为，零售终局是"万物到家"。而盒马创始人侯毅则强调，零售的本质仍是销售商品和服务。两者各有侧重，但都指向一个共同的目标——提供更高效、更优质的零售体验。

所以，零售业的终极状态或许就是找到一个平衡点，让效率与体验达到最佳状态。消费者对于购物体验的需求是多样化的，他们既需要便利的到家服务，也需要享受在实体店中的购物乐趣。而这正是我们不断探索和追求的目标。

那么，零售终局究竟会是怎样的呢？我想到了丰田汽车公司的 JIT 理念——"刚刚好"的准时制。这个理念强调在必要的时间将必要的物资送到必要的地方，实现精准、高效的生产和配送。在零售行业，JIT 理念同样具有极大的应用价值。因此，我们追求的是在"刚刚好"的时间将"刚刚好"的商品送到"刚刚好"的地方，满足消费者的需求。

这样的状态无疑是零售业的理想状态。它不仅能够让消费者的需求得到精准满足，还能够帮助企业解决库存问题，降低商品成本。这样的状态，想想就让人心驰神往。

当然，"刚刚好"的状态是理想化的，可能很难完全达到，但它应该是所有新零售人的终极目标。对于一家门店来说，"刚刚好"的状态是门店（也可以是线上门店）没有多余库存，顾客要买的商品刚好出现在门店（按需备货）。

不需要仓库，不需要不同门店之间的货品流通，不需要商品整理维护。所有"刚刚好"之外的步骤和动作都是浪费，都有可优化的空间。

设想一下，如果达到这个完美的"刚刚好"的状态，零售企业和门店会有什么变化？没有仓库，因为不需要有多余的库存；门店的面积可以压缩，因为卖的商品刚好就是顾客要的，不需要有过多空间放置不销售的商品；员工数量压缩到最少，因为没有货品周转、流通、整理环节；甚至门店可以消失，因为顾客想要的商品可以由工厂刚好生产出来并直达顾客手中。这应该是我们每个新零售人的追求。

从现在开始，每个新零售人要不断提醒自己，永远抱着一定还有"茬"的态度，在数据里、现场中找问题和解决问题，不断接近"刚刚好"的零售终极状态。

"找茬"专栏揭秘

第1章

问题如下。

（1）收银员配置问题

两名收银员同时为一名顾客服务，可能存在效率不高的问题。

（2）整理商品的价值问题

在卖场整理商品的员工沉浸于自己的业务工作，而忽略了周围的顾客。另外，这名员工仔细地重新排列商品，追求更完美的陈列效果属于过度加工的浪费。

（3）返工问题

返工可能会产生不合格品的浪费，不仅增加了成本，还影响了生产效率和产品质量。我建议加强对员工操作的培训和监督，以减少返工现象。

（4）销售机会浪费问题

当顾客购物犹豫不决时，如果无人关注并适时提供帮助，确实会浪费销售机会。我建议通过培训提高员工对顾客需求的敏感度和服务意识，提高销售转化率。

（5）仓库灯常亮问题

如果仓库的灯亮着但无人使用，确实会产生不必要的能源浪费。我建议建立合理的照明管理制度，例如，要求员工离开仓库时关灯，或者使用定时开关或感应器来控制照明设备。

（6）新货品陈列问题

新货品到达仓库后未及时陈列到卖场，会占用资金并失去销售机会。我建议优化库存管理流程，确保新货品能够及时上架销售。

（7）仓库货品布局问题

仓库货品布局不合理会导致员工在找货出货时来回走动，浪费时间和人力。我建议合理规划仓库货品布局，提高货品存取效率。同时，可以考虑使用先进的仓储管理系统来优化货品存储和检索过程。

第 2 章

问题如下。

从表面上看，A 店在 5 月的离职率确实偏高，这似乎说明门店存在人员问题。然而，我们深入分析相关数据后会发现这个结论可能并不准确。首先，表 2-1 仅提供了 3 家门店 5 月的离职率，并没有给出离职人员的实际数量，这让我们难以准确判断问题的严重性。其次，由于相关数据仅涵盖了一个月的时间，很难确定当前离职现象是长期趋势，还是短期波动。

A 店的高离职率可能是由多种因素造成的。例如，门店的人员基数较小，或者只是 5 月的离职人数异常增多。为了更准确地了解 A 店的人员状况，我们需要进一步分析更多的数据，如其他月份的离职率、离职人数、员工满意度、绩效数据及行业内的对比数据等。

第 3 章

问题如下。

（1）店员紧跟顾客确实容易引发顾客的抗拒心理

顾客可能会误解店员的意图，认为店员在监视他们或施加购物压力。这种行为不仅无助于提升销售业绩，还可能对顾客体验造成负面影响，最终导致销售损失。

（2）顾客在试戴帽子时如果被其他顾客挤到，无疑是一种糟糕的体验

为了确保顾客的购物体验，购物通道应保持宽敞，避免过于狭窄。如果顾客在选购过程中多次被他人打扰或碰撞，很可能导致他们放弃购物并离开。因此，门店布局应充分考虑顾客的流动性和舒适度。

（3）文具区的试用品质量对于顾客体验至关重要

如果试用品不好用，不仅无法促进成交，还可能让顾客对商品产生负面印象，从而影响销售业绩。因此，门店应确保试用品的质量，提供优质的试用体验，以吸引顾客购买。

（4）玩具区的娃娃摆放和维护确实存在一些问题

顾客难以触及的区域应作为仓储区域，而不是展示区。此外，商品应保持清洁，避免积灰影响顾客感受。这些细节方面的改进将有助于提升顾客满意度和购买意愿。

（5）收银员的行为对顾客体验同样具有重要影响

为了避免顾客在排队结账时错过优惠活动，卖场员工应在顾客开始购物前或排队前主动告知活动信息。这样可以让顾客提前做好准备，减少因错过优惠而产生的不满。同时，对于已经排队等待的顾客，收银员应提供快速、准确的服务，以减少顾客的等待时间，提高顾客满意度。

第 4 章

问题如下。

一般来说，门店认为客流量是无法直接控制的，因此通常采取的方法是投放各种线上线下广告吸引顾客。然而，投放广告的成本往往较高，而且转化率和留存率都相对较低。事实上，如果从新老顾客的角度拆分营业额，我们可能会发现新的机会。

在给出的案例中，企业投入了大量成本在门店的标志、广告及形象设计上，这无疑是提升客流量的一种策略。但问题在于，当顾客被吸引进店后，他们是否愿意再次光顾，或者是否愿意介绍朋友来呢？案例中提到的员工对顾客需求的忽视，以及混乱的货品陈列，都可能让顾客产生不再光顾的想法，更别提介绍朋友来了。

对于最终决定购买的顾客，员工因为希望他们快速离开，既没有邀请他们注册会员，也没有引导他们加入私域社群。这导致顾客离店后与门店基本失去了联系，门店后续很难有新的触达机会，也就很难提升这些老顾客的复购率了。

第5章

问题如下。

门店不应平分奖金和仅仅依赖员工等级计算提成，这种方式可能忽视了个别员工的劳动和具体成果，导致分配不公平，并且容易滋生吃"大锅饭"的现象。

门店氛围的好坏对团队协作和员工的稳定性具有重要影响。如果老员工经常吐槽新员工，这种负面情绪很容易在团队内部扩散，导致新老员工之间产生对立和冲突，进而影响整个团队的协作效率。

3个团队之间存在的关系问题也是一个亟待解决的难题。当前的情况下，各团队之间不仅无法形成合力，反而可能因为互相影响导致整体效果不佳，形成"1+1+1<3"的负面效应。

店长作为门店的核心管理者，在团队人员的管理和有效激励方面没有尽到责任，直接影响团队的士气和效率。

第 6 章

问题如下。

培训资料过于详细，店长未进行必要的梳理和筛选就直接分发给员工，导致员工在吸收和理解上遇到困难。

鉴于不同门店的顾客群体具有不同的属性和需求，门店需要结合自身的实际情况对总部提供的培训资料进行调整，以满足顾客的实际需求。

仅仅学习完培训资料并不意味着员工能够熟练地将所学应用于实际工作。因此，店长还需要通过实操练习帮助员工将理论知识转化为实际操作能力。

第 7 章

问题如下。

周一的连带率和成交率都较低，原因可能在于员工经历了周末的高强度工作后感到疲惫，或者大家在忙新一周的业务性工作，从而导致业绩不佳。

周末的连带率和成交率也较低，主要是因为客流量激增，超出了原有员工的服务能力范围，导致服务质量下降，进而影响了营业额和顾客满意度。

第 8 章

问题如下。

这家门店的出勤班表排得非常简单，一个班次里所有员工的上班和吃饭时间都一样，没有考虑门店客流量的变化。

　　这家门店的顾客主要来自附近办公楼的白领群体，这个群体通常是 8 点—10 点到达办公楼附近，在 12 点—14 点休息，于 17点—20 点离开办公楼。也就是说，这些时段应该属于门店的客流高峰期。

　　但是，从门店的员工出勤班表来看，门店最早的班次是 9 点开始，很可能会错过更早到达的白领群体；在可能会出现高峰期的 9 点—10 点、12 点—13 点，出勤员工数量都只有 2 名，没有最大程度安排服务的员工；20 点以后，白领群体下班了，门店的客流量大幅缩减，但是这个时间却有 3 名员工出勤，属于超额配置。

　　我们在制定员工出勤班表时要充分考虑客流量的变化，这就非常考验我们对每天每个小时的精准把握了。

附录 1

零售话术清单

我建议你把这份清单分享给你的团队，你们一起打卡练习。

需要注意的是，不同品牌和门店要根据自己的实际情况选取需要的话术并进行适当调整，而不是直接照搬清单中的话术，避免出现话术使用生硬或不合适的情况。

顾客刚进店时

（1）常规介绍

"女士，上午好，我们店今天刚到了一些新款，特别适合您，您可以看看。我是小王，有任何需要随时叫我。"

（2）顾客带小孩

"小朋友好可爱，几岁啦？今天陪妈妈选什么呀？"

（3）顾客提了其他品牌的购物袋

"今天您买了很多东西呢，是××店在做活动吗？我也很喜欢他家的东西，性价比很高。是否需要我先帮您把东西寄存在收银台？这样您逛起来更方便！"

（4）谈论天气

例如，冬天时谈论天气，可以配合行动给顾客带来帮助，降低顾客的抵触、戒备心理。

"今天外面真冷，赶紧进来暖和暖和吧！我们店里到了非常多好看又适合您的保暖服饰，欢迎来看看。"

（5）看到老顾客

"××，好久不见！您的皮肤/气色又变好了！我们最近到了很多新款，特别符合您的气质，拿给您看看？"

"××姐，好久不见！上次您买的××用起来还合适吗？需不需要我给您讲讲保养建议？"

引导顾客试用时

（1）常规介绍

"您看的这款是我们的明星产品，用起来感觉非常棒，有××和××特点。我给您试一下，不买也没关系的。"

"这款的试用效果非常棒，刚好现在人不多，我陪您体验下这款产品，帮您放松一下吧，不买也没关系的。"

（2）看到顾客已经拥有门店销售的商品时

"您用的这款是在我们这买的吧？这可是我们的爆款，您眼光真好！刚好最近上市的一些新款跟您这个的搭配效果特别好，我给您搭配看看吧！"

（3）向顾客推荐产品型号时

"您好，您想试用哪个型号，或者我把 A、B、C 型号都拿来给您试试！"

（4）顾客觉得试用 / 试穿很麻烦时

"我们的护肤品 / 配饰 / 衣服不试，看不出来效果，今天我们不忙，我帮您挑几件一起试试，看看效果，不买也没关系的。"

（5）顾客感到压力或者对试用 / 试穿感到犹豫时

"不买也没关系的，可以一次多试几款，有喜欢的再说！"

向顾客推荐多件试用时

（1）搭配产品介绍

"您这个耳环 / 上衣 / 口红的试戴 / 试穿 / 试用效果真的很不错，我们这两件搭配一起使用效果更好，您可以试试。只买一件回家后也可以找类似款替代，这样更能出整体效果！"

（2）多件推荐试用

"您好，根据您挑选的款式，我还拿了这两种很适合您的款式。它们适用于不同的场景，您可以一起试用，对比一下，看哪件更合适。"

（3）引导顾客多挑选

"您试的这款感觉怎么样？我给您拿了另外两款，您可以对比一下，看看效果，尽量选出最合适的！"

向顾客介绍活动时

（1）强调当下正值活动期

"您来得正是时候！现在我们正在做活动，有很多适合您的款式，现在买很划算！"

"今天是我们活动的最后一天，明天就要全部涨价了，现在入手特别划算。后面如果您觉得亏了，也可以7天之内来退货。"

（2）强调价格划算

"您好，这件特别能衬托您的气质，今天刚好有活动，性价比很高。过两天这款就要贵100多元，刚好现在有适合您的型号，现在入手很划算。"

"我们今天全场满999元减100元，非常划算。您现在一共消费929元，再消费70元就能参加活动了。您可以再买一件这个，搭配您刚买的也非常合适。这款只要149元，买了以后减100元，相当于只花了49元，非常划算！"

推荐成交时

（1）强调稀缺性

"您真有眼光！这是本周我们卖得最好的一款，每天都要卖

出 × 件，现在只剩下最后 × 件了。我给您拿一件试试？"

"您的眼光真好，刚刚还有顾客远程下单，专门订了这款，库存只剩几件了，我还准备先收起来给老顾客留着的，要不您先试试？"

（2）客户说再考虑一下时

"买东西确实需要像您这样慎重考虑。出于好奇，我想向您请教一下，您考虑的是价格，还是其他方面呢？我看看能不能帮您打消顾虑。"

当顾客把问题告诉你之后，你可以针对问题给出解决方案，打消顾客心中的顾虑，从而大幅提升成交的概率。

（3）当顾客介意价格时

"这款确实价格比较高，所以对应的性能也很高。如果为了日常使用，您也可以尝试这一款，性价比更高，但是与刚才那款用起来并没有太大区别。"

"这款确实价格比较高，选它的顾客也都要求很严格，所以我们用的都是好材质。换一个角度说，其实您的钱并没有消失，只是换了另一种方式陪着您，而且是换成了您最爱的商品。"

添加顾客微信时

（1）常规介绍

"您好，可以加我的微信，有任何售后需求都可以通过微信随时告知我！"

（2）通过优惠活动邀请顾客添加微信

"您好，扫码添加线上专属导购的微信可获专属礼包，以及一对一的专业使用建议！"

"喜欢我们的商品，可以添加我们的企业微信，第一时间接收优惠活动信息及搭配分享！"

顾客投诉／生气时

（1）表示理解顾客的情绪

"我非常理解您的心情！请放心，我们一定会调查清楚，给您一个满意的答复。"

"是的，您说得没错，如果我碰到这么多的麻烦，也会感到很委屈。"

（2）表示抱歉并提出行动

"您好，给您带来这么多的麻烦，实在非常抱歉！如果我是您，也会很生气。请您先消消气，给我几分钟时间向您解释一下原因，可以吗？"

"我理解您的心情，现在我马上为您处理！"

附录 2

新员工入职方案

序号	类别	项目	内容	执行时间	目的
1	入职	入职前准备	给新员工准备好柜子、工服、文具等相关物品，让新员工一入职就可以感受到团队的关心	新员工入职前	让新员工一来就有融入感
2			为新员工提前制定基础培训方案，尤其明确入职后 1~7 天的培训内容		让新员工能快速掌握工作所需要的技能
3		入职告知书	提供新员工入职导航手册，包含公司背景、入职流程、人事（考勤、劳动合同）、行政（工号牌、名片、就餐）等方面的说明	新员工入职当天	让新员工初步了解公司的相关情况，消除陌生感
4		办理入职手续	为新员工办理入职手续，引导其填写相关表格，递交各类证明材料		安排新员工入职

（续表）

序号	类别	项目	内容	执行时间	目的
5	增进互识	团队介绍	举办入职欢迎仪式，新员工发表入职感言，团队其他成员做自我介绍	入职当天	初步熟悉团队，为以后协作打基础
6		发信息欢迎新员工	通过公司内部交流群、邮件发布欢迎信息	入职当天	让全体员工初步了解和知晓新员工入职，为以后互相沟通打好基础
7	明确工作安排	工作职责	由部门领导介绍相关工作岗位的职责，简述工作流程	入职当天	让新员工对自己日后的工作有初步概念
8		入职培训	对新员工进行统一培训，包含公司的业务介绍、规章制度讲解等	入职当天	让新员工了解公司制度，快速融入
9		入职文化培训	对新员工进行公司文化和价值观的培训	入职3天内	帮助新员工了解公司文化
10	加速融合	上级面谈	对新员工开展一对一面谈，了解其融入情况，并且做适当的工作调整	入职一周内	增加对新员工的了解，促进新员工融入公司
11		带教	指定老员工作为带教师傅，制定培训计划，并一对一教授相关专业技能	入职3个月内	帮助新员工快速上手，更好地开展工作
12		访谈	每月与新员工交流一次，了解其工作状态和心理状态	入职3个月内	及时了解新员工的状态，给予必要的帮助

序号	类别	项目	内容	执行时间	目的
13	其他	贺卡	发放公司高管致辞的欢迎贺卡	入职当天	人文关怀，增强新员工的归属感
14		部门聚餐	部门组织聚餐，欢迎新员工入职	入职一周内	
15		补贴	每月发放新员工补贴	入职3个月内	
16		鲜花	送上一束花，祝贺新员工入职	入职当天	

附录 3

KLMS 复盘包

类别	项目	
Keep （效果良好，继续保持）	内容	
	后续行动	
Learn （新的启发，后续开展）	内容	
	后续行动	
More （方向要保持，行为需改进）	内容	
	后续行动	
Stop （效果不好，下次剔除）	内容	
	后续行动	